综合日语
第四册

练习册(修订版)

主　编　何　琳
副主编　董继平　刘　健

审　订　彭广陆　〔日〕铃木典夫

北京大学出版社
PEKING UNIVERSITY PRESS

图书在版编目(CIP)数据

综合日语第4册练习册 / 何琳主编. —2版. — 北京：北京大学出版社，2014.2
ISBN 978-7-301-23787-8

Ⅰ.①综… Ⅱ.①何… Ⅲ.①日语—高等学校—习题集 Ⅳ.①H369.6

中国版本图书馆CIP数据核字(2014)第013975号

书　　名	综合日语第四册练习册（修订版）
	ZONGHE RIYU DI-SI CE LIANXI CE (XIU DING BAN)
著作责任者	何　琳　主编
责任编辑	兰　婷
标准书号	ISBN 978-7-301-23787-8
出版发行	北京大学出版社
地　　址	北京市海淀区成府路205号　100871
网　　址	http://www.pup.cn　新浪微博：@北京大学出版社
电子信箱	lanting371@163.com
电　　话	邮购部010-62752015　发行部010-62750672　编辑部010-62759634
印刷者	北京圣夫亚美印刷有限公司
经销者	新华书店
	787毫米×1092毫米　16开本　11.5印张　200千字
	2008年4月第1版
	2014年2月第2版　2024年1月第10次印刷（总第19次印刷）
定　　价	38.00元

未经许可，不得以任何方式复制或抄袭本书之部分或全部内容。
版权所有，侵权必究
举报电话：010-62752024　电子信箱：fd@pup.pku.edu.cn
图书如有印装质量问题，请与出版部联系，电话：010-62756370

《综合日语第四册练习册(修订版)》

编　　者

审　定
彭广陆　　　东北大学秦皇岛分校教授
铃木典夫　　首都师范大学日语专家

执笔者
何　琳　　　首都师范大学副教授
董继平　　　首都师范大学副教授
刘　健　　　首都师范大学讲师

第一版编者
董继平　　　首都师范大学副教授
何宝娟　　　首都师范大学讲师
何　琳　　　首都师范大学副教授
岛久美子　　北京大学硕士研究生
平田野枝　　御茶水女子大学博士研究生

插图　刘亚蕾　梅虹洁

前　言

　　《综合日语》（第1—4册）是第一套中日两国从事日语教学与研究的专家学者全面合作编写的面向中国大学日语专业基础阶段的主干教材。《综合日语（修订版）》在第一版的基础上，参考教学中的反馈意见，汲取最新的研究成果，对练习解说及部分课文进行了修订，为"普通高等教育'十一五'国家级规划教材"。

　　本书为《综合日语（修订版）》的配套练习册。

　　《综合日语（修订版）》的练习主要由两部分组成，一部分在教材各单元之后，以培养学生综合运用日语的能力为目的，为教师和学生提供课堂教学活动的素材，适合在课堂教学中完成。另一部分反映在《综合日语练习册（修订版）》中，供学生自我测试使用，主要是帮助学生归纳、整理语言基础知识，检验语言知识掌握的情况。两部分练习互相补充，力求为学生的学习提供全方位的支持。

　　本册主要依据第四册教材中初级阶段的内容编写而成，内容涵盖所有学习重点、难点。各课练习由（1）文字、词汇、语法；（2）听力；（3）阅读三大部分组成，同时另外设计了五个单元练习。

　　本练习册的书写方式以《综合日语（修订版）》为准。参考答案及录音均在北京大学出版社官网（www.pup.cn）"下载专区"中，供免费下载。

　　在本练习册的编写过程中，所有成员都倾注了大量心血，但是由于水平有限，还存在一些不尽如人意的地方，希望使用本练习册的老师和同学提出批评意见，以便今后不断修订完善。

编者
2013年8月

目次

第11課　コミュニケーション ………………………………………… 1

第12課　沖縄合宿 ……………………………………………………… 13

実力テスト1 …………………………………………………………… 25

第13課　クロスカルチャー …………………………………………… 34

第14課　読書 …………………………………………………………… 47

実力テスト2 …………………………………………………………… 59

第15課　さまざまな学び ……………………………………………… 65

第16課　子どもと大人 ………………………………………………… 77

実力テスト3 …………………………………………………………… 90

第17課　説明 …………………………………………………………… 99

第18課　発表 …………………………………………………………… 114

実力テスト4 …………………………………………………………… 130

第19課　コミュニケーション新時代 ………………………………… 138

第20課　旅立ち ………………………………………………………… 150

実力テスト5 …………………………………………………………… 165

参考书目 ………………………………………………………………… 175

第11課　コミュニケーション

単語帳

サインイン　トライ　レコーダー　ハンドルネーム　ネットショッピング　クレジットカード
氷　布　友　富　雪祭り　雪まみれ　地元　仲良し　同僚　専門家　利用者　他者
生徒数　流派　反面　名札　与党　野党　ゴミ袋　商品券　割引料金　自己中心
練習試合　身の回り　副作用　時代遅れ　消費者金融　葛藤　正義　感激
真似　激突　大転倒　猛練習　入荷　自覚　犯罪　延長　自殺　再確認　尊重
購入　割引　借金　発言
超きれい　すっごい　ハデ　最高　高額　唐突　公平　真剣　現に　あまりにも
さすがに
明ける　目立つ　埋まる　固まる　滑る　済む　絶える　求める　訳す　至る　救う
営める　死ぬ　ためらう　取り組む　苦しむ　踏みとどまる　狂わせる　疲れ果てる
振り返る
札幌　沖縄

文法リスト

[V]がたい＜难以实现＞
〜かと思ったら＜出乎意料＞
[Vる／Vた]そばから＜先后发生＞
〜としたら＜假定条件＞
[N]ときたら＜话题＞
〜ない限り＜唯一条件＞
〜反面＜相反的两面＞
[N]をめぐって／[N]をめぐる＜中心点＞

Ⅰ. 文字・词汇・语法

1. 次の下線部の漢字の読み方をひらがなで書きなさい。

   (1) この店では現金で支払わなければならない。
   (2) 子どものころ、恵美ちゃんと仲良しでした。
   (3) キーワードと郵便番号を入力すると、地元のピザ屋の一覧が表示される。
   (4) 2階の講堂で国際金融情勢についての講義があります。
   (5) 友達の結婚祝いは、商品券にしようと思います。
   (6) 彼の手は氷のように冷たかった。
   (7) 残った品物は割引して売ろうと思います。
   (8) 北海道大学は札幌にあります。
   (9) 10歳年下の妹と、ときどき世代の差を感じることがある。
   (10) あの町は人情豊かな土地柄で、よそ者にも優しく接してくれる。

(1)	(2)	(3)	(4)	(5)
(6)	(7)	(8)	(9)	(10)

2. 次の下線部のひらがなを漢字に直しなさい。

   (1) これは義理・人情のかっとうを描いた作品である。
   (2) 会社から新入社員の指導員にしめいされた。
   (3) 18歳になったら、親からどくりつして生活しようと思っています。
   (4) 海外の商社を通して原料をこうにゅうしている。
   (5) それはお金を出せばすむことではない。
   (6) 明日の試合も巨人ファンでスタンドがうまるでしょう。
   (7) 彼は日本語のせんもんかとして海外に派遣されたことがある。
   (8) はんざいの予防はとても重要です。
   (9) この工事は、かんせいするのに1年かかります。
   (10) 彼女は昔のどうりょうと結婚した。

(1)	(2)	(3)	(4)	(5)
(6)	(7)	(8)	(9)	(10)

第11課 コミュニケーション

3．次の_____に入れるのに最もよいものを、a～dから一つ選びなさい。

(1) ここは観光客のみならず地元の若者にも人気の_____です。
　　a．コスト　　　b．スポット　　　c．ポイント　　　d．クレジット
(2) _____の解決に大変長い時間がかかる。
　　a．トラブル　　b．サンプル　　　c．ケーブル　　　d．カップル
(3) 服の_____に自信がないので、どういう服を着ていいか分からない。
　　a．センス　　　b．ウイルス　　　c．チャンス　　　d．バランス
(4) 初めて見たシェークスピアの芝居に_____して俳優になろうと思った。
　　a．感情　　　　b．感謝　　　　　c．感覚　　　　　d．感激
(5) 夏休みに英語教室に通って、毎日_____勉強した。
　　a．再　　　　　b．超　　　　　　c．大　　　　　　d．猛
(6) 品質管理体制を改善するため、社員の_____教育を行っています。
　　a．再　　　　　b．超　　　　　　c．大　　　　　　d．猛
(7) 「仕事との両立」を理由に結婚を_____女性は少なくないようだ。
　　a．振り返る　　b．狂わせる　　　c．ためらう　　　d．誉める
(8) 失敗を_____と成功は難しい。
　　a．戸惑う　　　b．思い込む　　　c．うたがう　　　d．おそれる
(9) 製品の品質が悪く苦情が_____。
　　a．とめない　　b．絶えない　　　c．滑らない　　　d．流れない
(10) あの子は転んで泥_____になってしまった。
　　a．あまり　　　b．おくれ　　　　c．まみれ　　　　d．はずれ
(11) _____呆れた質問なので無視しようと思った。
　　a．あえて　　　b．あらかじめ　　c．あらためて　　d．あまりにも
(12) 栄養があるといっても、_____あれは食べられない。
　　a．すでに　　　b．おそらく　　　c．さすがに　　　d．なんとか

4．次の_____の言葉に意味が最も近いものを、a～dから一つ選びなさい。

(1) 太陽光発電の<u>長所</u>についてまとめてみた。
　　a．イベント　　b．プリント　　　c．メリット　　　d．ダイエット
(2) 市民団体は公共の利益のために積極的に<u>活動</u>している。
　　a．取り上げて　b．取り組んで　　c．取り込んで　　d．取り巻いて
(3) いつの時代にあっても、人々の平和を<u>願う</u>気持ちは変わることがない。
　　a．求める　　　b．優れる　　　　c．応じる　　　　d．こだわる

(4) 勉強不足で大学入試に落ちてしまった。
　　a．伸びて　　　b．壊れて　　　c．滑って　　　d．転んで

5．次の言葉の使い方として最もよいものを、a～dから一つ選びなさい。
　(1) 自覚
　　a．健康のため、アルカリ性食品を自覚に摂ろう。
　　b．団塊世代は、年はとっても働く自覚が高いと言われている。
　　c．生徒にあんな乱暴なことを言うなんて、教育者としての自覚が足りない。
　　d．多くの企業は、スキルや資格より人間性を自覚して採用している。
　(2) 済む
　　a．これは謝れば済むという問題ではない。
　　b．主人公は恵まれた家庭で幸福な少年時代を済んだ。
　　c．国民年金は、生涯に済んで年金を受け取ることができます。
　　d．2か月にわたって準備が続いた国際シンポジウムがやっと済んだ。
　(3) 落ち着く
　　a．勉強やスポーツなど何かに落ち着いている人は魅力的だ。
　　b．東京都心は、朝からきれいな青空が落ち着いています。
　　c．初めて訪れた町ですが、落ち着いた雰囲気にひかれました。
　　d．東京に来て半年経ち、やっと一人暮らしに落ち着いてきました。
　(4) 固まる
　　a．みんなで固まって地球温暖化について話し合おう！
　　b．古代史は重要事項や範囲を固まって勉強するとよいでしょう。
　　c．明確な目標を立てれば固まって物事に取り組むことができる。
　　d．政府は開発か保護かで迷っていたと聞いたが、やっと方針が固まったようだ。

6．次の（　）に、適当な助詞を入れなさい。
　(1) お母さんが作った料理（　）（　）おいしいものはない。
　(2) この小説は面白いから、1日（　）読み終わった。
　(3) 社員の能力（　）応じて、給料を払う。
　(4) 疲れて一歩（　）歩けない（　）（　）（　）だ。
　(5) 必要なものだから、いくら高くても買う（　）（　）ない。
　(6) 大雨な（　）（　）、出かけていった。
　(7) このこと、君（　）（　）（　）と話す気はない。

(8) 彼はいつも文句（　）（　）（　）言っています。
(9) 安かったのでセーターを5枚（　）買った。5枚（　）（　）赤だった。
(10) 新しい制度はようやくこの国（　）定着した。

7．次の_____に入れるのに最もよいものを、a～dから一つ選びなさい。

(1) 国境問題_____、両国の間で激しい議論が続いている。
　　a．をめぐって　　b．にとって　　c．によって　　d．を通じて
(2) 王さんは家に帰ったかと思ったら、_____。
　　a．まだ家にいた　　　　　　b．まだ学校にいた
　　c．また出かけていった　　　d．もう学校に帰りました
(3) 私たちが昔味わった苦しみは、今の若い人には_____がたいだろう。
　　a．理解する　　b．理解して　　c．理解し　　d．理解せ
(4) 近ごろの学生_____、漫画ばかり読んでいます。
　　a．とくると　　b．ときたら　　c．とくれば　　d．とくるなら
(5) おじいちゃんは縁側で新聞を読み_____猫と遊んでいた。
　　a．ついでに　　b．とともに　　c．次第　　d．ながら
(6) ご注文商品は、ご登録に変更がない_____、ご登録の住所へのお届けとなります。
　　a．あまり　　b．かぎり　　c．あげく　　d．せいか
(7) ビジネス書は、読んだ_____役に立つことが多い。
　　a．ばかり　　b．とすぐに　　c．そばから　　d．ところで
(8) もし500万元の宝くじが当たった_____、世界一周旅行しよう。
　　a．としては　　b．としても　　c．としながら　　d．としたら
(9) このごろ、_____がちの天気が続いています。
　　a．曇り　　b．曇る　　c．曇りの　　d．曇った
(10) 「急用ができて行けなくなってしまった」というのは、彼の口実_____。
　　a．とは限らない　　　　　b．にすぎない
　　c．に限らない　　　　　　d．わけではない

8．11課で習った表現を使って、同じ意味になるように下線部を書き換えなさい。

(1) 泡盛を飲みながら、旅行の計画を考える。

(2) 憲法の改正に関する議論が国会で続けられている。

(3) 今の若い母親は、遊ぶことばかり考えている。

(4) 魚は釣ったあとすぐに油で揚げて食べるのが最高だ。

(5) 静かなので娘はまだ寝ているかと思ったが、もう起きて勉強しているようだ。

9. 次の文の　★　に入る最もよいものをa～dから一つ選なさい。

(1) あの人は＿＿＿　＿★＿　＿＿＿　＿＿＿。
　　a．たばこを　　b．そばから　　c．退院した　　d．吸い始めた

(2) ペンネームを見て＿＿＿　＿★＿　＿＿＿　＿＿＿、実は女性だった。
　　a．思ったら　　b．男性　　　　c．と　　　　　d．か

(3) 車は人々の＿＿＿　＿★＿　＿＿＿　＿＿＿、大気汚染の原因の一つとなった。
　　a．反面　　　　b．を　　　　　c．行動範囲　　d．広げた

(4) うちの＿＿＿　＿★＿、＿＿＿　＿＿＿で、テレビのリモコンさえ使えない。
　　a．亭主　　　　b．機械オンチ　c．ひどい　　　d．ときたら

(5) ＿＿＿　＿＿＿　＿＿＿　＿★＿、この部屋に入ることはできません。
　　a．限り　　　　b．許可　　　　c．が　　　　　d．ない

(6) 公園の林の中や池の＿＿＿　＿＿＿　＿★＿、卒業後の進路を考えた。
　　a．つつ　　　　b．散歩し　　　c．を　　　　　d．周り

10. 次の中国語を日本語に訳しなさい。

(1) 只要不放弃，梦想就一定能够实现。

(2) 刚收拾好，孩子就弄得乱七八糟，怎么也找不到想用的东西。

(3) 如果剩余的人生只有1个月，你希望怎样度过？

(4) 我们一方面盼望最好的结果，但同时也要做好最坏的打算。

(5) 他竟然中了1亿日元彩票，简直令人难以置信。

(6) 围绕着那位著名电影导演的遗产，家庭内部的斗争愈演愈烈。

(7) 我们家孩子呀，一到休息日就睡懒觉，连饭都不吃。

(8) 大家虽然不怎么讨厌他，但是也不太尊敬他。

(9) 看似普通人但实际上却很不一般，这样的模式在这本漫画中多次出现。

Ⅱ．听力

1．録音を聴いて、内容と合っていれば〇、合っていなければ×を（　）に書きなさい。

（　）（1）この客のソフトは問題がある。
（　）（2）たまに動かなくなってしまうことがある。
（　）（3）問題の原因はインターネットに繋がなかったことにある。
（　）（4）この会社はホームページで商品の紹介をしている。
（　）（5）この客はファイア・ウォールやワクチン・ソフト等のソフトを買った。

2．録音を聴いて、内容と合っていないものをa～dから一つ選びなさい。

a．日本のサラリーマンは生真面目である。
b．日本のサラリーマンは病気になっても病院へ行かない。
c．ストレスを感じると、病気になってしまうことがある。
d．日本のサラリーマンは、残業をよくする。

3．録音を聴いて、今回送られてきた絵文字を一つ選びなさい。

a．<(＿ ＿)>　　b．（几ェ几@）　c．（°0°；)　d．m(＿ ＿)m

4. 問題の文を聴いてそれに対する正しい返答を1～3から最もいいものを一つ選びなさい。

   (1) _____   (2) _____   (3) _____   (4) _____

III．阅读

次の文章を読んで、後の問いに答えなさい。

　　大学4年生は、何かにつけて大変な学年だ。4年生になるとすぐ卒業研究が始まる。年が明けるとすぐ、卒業研究の仕上げに追われる。まだ就職が決まっていない人は、その心配もしなくてはならない。最近では、大学生の就職活動がどんどん早まっており、中には三年生のうちに就職が決まってしまう学生もいる。そんな中、4年生の12月に就職活動なんて、あまりに遅すぎる気がして学生に聞いたら、「いや、それが違うんですよ」とおもしろい話を教えてくれた。

　　3年生の秋や春に早々と就職先が決まった学生は、それから卒業までの間、何回か就職する企業の研修に参加する。企業としては就職内定者に、仕事に慣れてもらって、「（イ）」という気分を高めてもらおうと考えて研修を行うのだろう。

　　ところが、学生の中には、企業の研修を受けるうちに、逆に「ここで働くのはいやだな」という気分になる人もいるらしい。「先輩たち、なんだかこわそう。私なんか、毎日、怒られそうだな」「えー、会社ってこんなに真剣に仕事しなきゃならないんだ。とてもできない」だんだん働くことが怖くなって、自信もなくなる。そして、4年生の秋になってから、「やっぱりここで働くの、やめさせてもらいます。」と言って辞退してしまう学生も少なくないらしい。「だから、秋になってから欠員を補充するために再募集する企業も結構あるんです。そういうところは、とにかく急いで決めなければならないから、入社試験もすこしいい加減だったりして…。正式な募集の時より、ずっと入りやすいんですよ」。

　　そう話してくれた学生は、最近になって一流ホテルに就職が決まったという。それも、辞退者が出た後の再募集で合格したそうだ。

　　このように、ギリギリになってからでも就職が決まる学生がいるのは嬉しいが、それにしても、本格的に働く前から「仕事するのがいやになってきました」と辞退してしまう学生がいるとは本当に情けない。せめてしばらく仕事をやってみてから、「やっぱり自分には向いてない」と決めるならわかるのだが…。未経験なことを前にすると、期待とともにだんだん不安が大きくなるのは人間の心理として当然のこと。しかし、実際にやってみたら、意外に楽しかったという場合がほとんどのはず。「案ずるよりは産むがやすし」ということわざにもあるが、よほど身に危険がないかぎり、まずやってみて、それから考えようと私は言いたい。

第11課 コミュニケーション

質問

(1) なぜ「いや、それが違うんですよ」と言っているのか。その理由として最も適当なものを、次のa～dの中から一つ選びなさい。
   a．就職が決まるのが早すぎると、かえって就職したくなくなる。
   b．最近、大学生の就職活動をする時期はだんだん遅くなっている。
   c．遅い時期に行われる募集は欠員補充のため、早い時期よりむしろ入社しやすい。
   d．早く就職が決まると研修に行かなければならないので、ギリギリになって就職を決めたほうがよい。

(2) 次のa～dの中から、（イ）に入る最も適当なものを一つ選びなさい。
   a．私はここでがんばるぞ
   b．がんばって卒業しよう
   c．はやく就職先を決めよう
   d．残りの学生生活を楽しもう

(3) 次のa～dの中から、本文の内容と合致しているものを一つ選びなさい。
   a．何事もまずは挑戦してみることが大切だ。
   b．研修期間中に、仕事に慣れて就職するという気分を高めておくべきだ。
   c．就職する前から仕事がいやになってしまうのは、人間の心理として当然だ。
   d．ぎりぎりになって就職が決まる学生もいるから、最後まであきらめるな。

最後に会話文と読解文を読み直して、_____を埋めなさい。

ユニット1　会話　チャット

（美穂がサインインしました）

王　　明けましておめでとう！
高橋　新年快乐！今年もよろしくね
王　　こちらこそ！この間、雪祭り、_____だ
高橋　札幌の？
王　　そう。三好さんたちと行ったんだけど、_____きれいだった！
高橋　いいなぁ
王　　でも、寒かった～　長春ほどじゃないけど
高橋　スキー、トライした？
王　　うん。でも、滑る_____大転倒！3分で雪_____だよ

高橋　見たかったなあ　私も1月にハルピンに行ったじゃない　冻死了！
王　　だから、ハルピンは寒いよって言ったじゃない
高橋　でも、人気の_____だし、ほんとにきれいで、もう_____！
王　　そうなんだ
高橋　あれ？やっぱり行ったことあるんじゃない　_____、長春出身！
王　　え？ないよ
高橋　ほとんど_____なのに？
王　　うん（^ ^;）
高橋　そうそう、鈴木さんが氷のパンダに_____した！
王　　パンダ、かわいそう…
高橋　私も_____転んじゃって。それなのに美咲_____、心配するのは鈴木さんのことばっかり…
王　　えっ、そうなの
高橋　最近ね、あの二人、すっごく仲良しなのよ
王　　へえ
高橋　ご両親から春節のカードをいただいたよ
王　　高橋さんのも来たよ　すごく_____感動！
高橋　でしょ（^ ^）vそうだ、空手部の合宿、どこになった？
王　　沖縄！
高橋　沖縄！？
王　　那覇国際大と練習試合もするんだ。マイクなんか毎日_____してるよ
高橋　王さんも試合に出るの？
王　　さあ、どうでしょう…
高橋　あ、ポップカルチャーの専門家に、沖縄は_____かも
王　　なんで？
高橋　行けば分かるよ！
王　　教えて～！
高橋　沖縄って夜にはよく誰かの家に集まって、歌ったり踊ったりするんだって
王　　おもしろそう！若い人も？
高橋　そう！こういう習慣から沖縄の_____が生まれたんじゃないかなあ
王　　あ、向こうの学生と、コンパ、することになってた！
高橋　チャーンス！
王　　なんか、すっごく_____

高橋　パフォーマンス、両方とも頑張ってね
王　　両方？
高橋　そう、試合も、歌や踊りも
王　　無理だよ秋歌じゃないんだから
高橋　あ、もう行かなくちゃ。ごめん、またね！
王　　うん、バイバイ！！

ユニット2　読解　投書　－若い世代から－
（1）クレジットカードは本当に必要か（会社員　23歳）

　クレジットカードは、今や私たちの生活にすっかり_____しています。一人で5枚も6枚もカードを持っている人も珍しくないようです。カードがあれば、現金を持ち歩かなくても、必要な時に必要な物を簡単に_____することができます。また、デパートなどのクレジットカードでは、購入の額に応じて_____ポイントで商品券がもらえたり、割引料金で買い物ができたりするという_____もあります。しかし、便利である_____、それほど必要のない物や高額な物を値段を_____買ってしまうということが_____です。

　実は、私は、家族や同僚からは_____と言われていますが、カードを持たない、つまり_____者なのです。カードを使うと借金をして買ったような気になり、支払いが_____まではなんだか_____気になるのです。現に多くなりすぎたカードの支払いのために、消費者金融から借金をし、さらにその借金のために犯罪に_____人もあることが_____ています。カードをめぐる_____は今後も_____でしょう。

　クレジットカードが使えなくなるとしたら、_____人は多いでしょう。しかし、カード利用者は、借金をしているのだという_____を持ちつつ、カードを利用すべきではないかと思います。

（2）教室でもっと発言を（大学生　19歳）

　大学に入って、1年が経った。今日も教室は後ろの方から_____いく。この1年を_____みると、いつもそうだった。それには二つの大きな理由があるのではないだろうか。

　まず、大学の教師が、_____ことがあまりにも少ないということである。そして、学生の方も、教師に指名されるのを_____いるのか、_____場所にいたいという気持があるのか、いつも後ろの方の席に_____であることだ。

私は、父の仕事の関係で、高校の2年間を海外で過ごした。そこでは1クラスの生徒数は少なく、授業は_____生徒中心だった。私たち生徒は、常に授業に真剣に_____ねばならず、教室では自分の考えや意見を_____述べていた。

　ところが、日本の高校では教師が一人で授業を_____いる。例えば、英語の授業では教師が教科書を読み、日本語に訳して重要な表現を説明するだけで_____しまう。英語の授業なのに、生徒は一言も英語を話すことがない。_____大学ではこんな授業は見られないかと思ったら、_____ことに大学も高校の_____にすぎなかった。授業中、寝ている人や授業とは関係のない本を_____いる人がいても、周りの人に_____ような声で話していない限り、_____されることもない。

　_____、日本の学校は一クラスの人数が多いので、皆が_____自分の意見を述べることは難しいだろう。しかし、そういう状況の中でも、自分の意見を持ち、それを発表する勇気が必要ではないだろうか。自分という_____人間が、自分だけの意見を持つことで、社会の中での自分の存在を_____できるはずだ。自分という存在を_____するためにも、少し_____を出して、積極的に発言して_____。

第12課　沖縄合宿

単語帳

シンプル　ブランド　ポット　レインボー　ミュージシャン　フライパン　ホスト　ジャガイモ　ゴーヤ　ハリセンボン　ポーク　ミリ

腕　器　腹　種　星　網　勢い　習性　世間　通念　属性　同義　過程　基盤　若干　効率　年齢　頻度　水筒　洗濯機　風呂場　各店　父親　主夫　女房　警察官　警官　農民　宗教家　按摩師　飛行士　強盗　交番　一行　最南端　このところ　各自　最良　申し分　免許証　切符　健康診断書　折りたたみ　流し　めぐりあわせ　鉄則　余り　縁側　無形文化財　感興　しっぽ　白鳥　コツ　細菌　宇宙船　兵器　料理人　食材　海蛇　－汁　鰹節　島豆腐　缶詰　苦瓜　大根　肉じゃが　調味料　だし汁　みりん　味噌汁　煮物　しらすおろし　茶器　弱火　強火　下ごしらえ　薄切り　できあがり　型崩れ

味見　我慢　読破　解釈　操縦　現出　脱出　注射　添加　卑下　死亡　腹ごしらえ　後ずさり　つまみ食い

青い　あったかい　平穏　貧乏　余分　微妙　奇妙　確実　ざっと　ぴったり　たっぷり　ただ　単に　多かれ少なかれ　せめて　かれこれ　ぐしゃぐしゃ　なにしろ　いまさら　なりとも　心ゆくまで　お手柔らかに

熱する　炊く　炒まる　煮る　煮立てる　煮立つ　煮える　温める　温まる　剝ぐ　干す　ちぎる　振る　混じる　食う　通る　破れる　増す　志す　泊める　断る　生じる　載せる　取り出す　送りだす　－得る　生き残る　まかりとおる　盛りわける　声を掛ける　頭に来る　アイロンをかける　年をとる

那覇　大和　講談社　細雪　少年少女世界名作全集

文法リスト

[V]得る＜动作行为的可能性＞　　　なりとも＜例示＞
[N₁]といい、[N₂]といい＜并列举例＞　せめて＜最低限度＞
[N]からいうと＜判断的依据、基准＞　[N]にも増して＜超过基准＞
～というところだ＜阶段＞　　　　　それにしても＜让步转折＞
[A]かれ[A]かれ＜总之＞　　　　　　～まま＜保持原状＞
～といえば～＜認可＞　　　　　　　[Nの／V]ついでに＜动作的并行＞
[V]ずして＜否定＞　　　　　　　　なぜなら(ば)～からだ＜説明原因＞

I. 文字・詞汇・语法

1. 次の下線部の漢字の読み方をひらがなで書きなさい。

   (1) 野菜や果物は近くの自由市場で買っている。
   (2) 看板には、「歓迎！関東ご一行様」と書いてあります。
   (3) 西瓜の種には、たんぱく質・ビタミンEなどが含まれています。
   (4) 創業を志す若者に、課題解決のヒントや資金を提供します。
   (5) この雑誌には、料理と器の相性が紹介されています。
   (6) 日本では首相が頻繁に替わっている。
   (7) 連休中に『三国志』を読破しました。
   (8) あの大物歌手の脱税問題は、世間を騒がせた。
   (9) 生徒への公正な指導は、学校教育の鉄則だ。
   (10) 彼は今でも沈黙を守っている。

(1)	(2)	(3)	(4)	(5)
(6)	(7)	(8)	(9)	(10)

2. 次の下線部のひらがなを漢字に直しなさい。

   (1) 転勤の件は、にょうぼうと相談してから返事をします。
   (2) 彼女はあじみをして甘さ加減を確かめた。
   (3) この帽子はかたくずれしやすいので、手洗いにしましょう。
   (4) 天気のいい日は布団をほすようにしています。
   (5) システムの共通きばんを活用するために、この企画書を作りました。
   (6) へいおんな生活を維持しようと思う。
   (7) びんぼうに耐えられなくなって、彼はこの罪を犯したという。
   (8) 再開発によって、地域に新たな問題がしょうじた。
   (9) 人間の目では同じように見えても、色彩計で測ってみるとびみょうに違っている。
   (10) 予定外の参加者のために、よぶんに資料を用意した。

(1)	(2)	(3)	(4)	(5)
(6)	(7)	(8)	(9)	(10)

3. 次の_____に入れるのに最もよいものをa～dから一つ選びなさい。

(1) 妙な_____で、元彼の財布を拾った。
   a．待ち合わせ　b．巡り合わせ　c．打ち合わせ　d．顔会わせ

(2) 都市を離れて_____な暮らしがしたい。
   a．ブランド　　b．シンボル　　c．シンプル　　d．フライパン

(3) 社会_____を超える新しい方法の提言を求めている。
   a．通念　　　　b．観念　　　　c．雑念　　　　d．概念

(4) _____仕事が忙しくて、フランス語のレッスンも休みがちです。
   a．このところ　b．このあいだ　c．このへん　　d．このまえ

(5) あの子は相当に怒っているらしく、ティッシュを_____にした。
   a．めちゃくちゃ　　　　　　b．ぐしゃぐしゃ
   c．かちゃかちゃ　　　　　　d．めちゃめちゃ

(6) 本社は「記事の内容に誤解を_____恐れがある」として事情を説明した。
   a．生ける　　b．生きる　　　c．生じる　　　d．生まれる

(7) 夜中、間違い電話に起こされるのは、本当に頭に_____。
   a．立つ　　　b．切る　　　　c．切れる　　　d．来る

(8) みんなで、人生を_____まで楽しむことのできる町づくりをしよう。
   a．心得る　　b．心ゆく　　　c．心掛ける　　d．心づく

(9) _____謝っても、彼は許してくれないだろう。
   a．なんとも　b．せめて　　　c．あくまで　　d．いまさら

(10) 科学的な根拠のない健康食品が_____いる。
   a．まかり通って　b．行き通って　c．言い通って　d．透き通って

(11) _____の出会いがビジネスのチャンスになる場合がある。
   a．ますます　b．たまたま　　c．なかなか　　d．そろそろ

(12) 妻が亡くなって10年経った。_____再婚を考えてみたらと家族に言われた。
   a．ますます　b．たまたま　　c．なかなか　　d．そろそろ

4. 次の_____に入る最もよいものを、□□□から選び、適当な形に直しなさい。

(1) 漬ける　漬かる
   白菜を早く_____には、浅漬けの場合は1㎝程度の細切りにしなくては_____ません。

(2) 混ぜる　混ざる
   水と油はいくら_____ても_____ない。

(3) 伸ばす　伸びる
　　この雑誌には、身長が_____しくみや時期、身長を_____ために必要なことなど身長に関する基礎知識がたくさん載っています。
(4) 崩す　崩れる
　　生活のリズムが_____と体調を_____のはなぜですか。
(5) 煮る　煮える
　　めんつゆと醤油で味付けをして、_____まで_____てください。
(6) 破る　破れる
　　この障子は、手で_____うとしてもなかなか_____ないくらい丈夫ですよ。
(7) 泊める　泊まる
　　_____ところがなくて困っているんですか、家でよかったら_____てあげるよ。
(8) ～づける　～づく
　　①彼は、調子_____といつも大事なことを忘れる。
　　②狂犬病の予防接種は、法律で義務_____られているものの、接種率が低いのが問題となっています。

5. 次の_____に入る最もよいものを、_____から選びなさい。

　　最　ど　再　無　未

(1) 企業では、社員を新しい職場に早期に適合させるために、職業能力の_____訓練や_____開発が必要になる。
(2) この地域は観光資源には恵まれているが、_____開発のまま放置されている。
(3) _____資格者・_____経験者でも介護の仕事はできる。
(4) 世界21ヵ国の企業を対象に調査したところ、最もIT投資意識が高いのはインドで、日本は_____下位であった。
(5) 日頃_____ケチな生活しているので、ささやかな贅沢でも充分満足できる。

6. 次の_____に入る最もよいものを、_____から選び、適当な形に直しなさい。

　　っぱなし　ごしらえ　得る　出す　合う　かける

(1) 早く身_____しないと結婚式に遅れちゃうよ！
(2) ご報告したいことが山ほどあり、どれから言い_____たらよいか迷っているところです。
(3) あの映画は忘れ_____いたものを思い出させてくれた。
(4) 目標を達成するために、お互いに意見を言い_____のが大切だ。

(5) 彼の話が全部うそだということは十分考え_____ことだ。
(6) 一昨日は怒り_____の順子さんでしたが、昨夜帰宅するとウソのように機嫌が治っていました。

7. 次の_____に入れるのに最もよいものを、a〜dから一つ選びなさい。
(1) 秘書といっても、仕事の内容は電話番やお茶くみ_____。
   a．というばかりだ   b．といわれる
   c．といったらない   d．というところだ
(2) 日本に留学したい。_____、日本の文化に興味があるからだ。
   a．それで   b．だから   c．なぜなら   d．だって
(3) コンピューターも人間が作った機械_____。
   a．に限られた   b．に達している   c．に過ぎない   d．に及んでいる
(4) 大阪_____、東京_____、やはり都会は恵まれているなあ。
   a．というか／というか   b．といい／といい
   c．といえば／といえば   d．という／という
(5) アイドルのコンサートに行きたいですが、_____チケットが高いですね。
   a．それにしても   b．それにもかかわらず
   c．それもかまわず   d．それにたいして
(6) 郵便局に行く_____、たばこ買って来てくれないか。
   a．ところに   b．とおりに   c．ついでに   d．ばかりに
(7) 俺をイケメンと_____誰をイケメンと言うのか。
   a．いわず   b．いわずにして   c．いわずして   d．いわずに
(8) 郊外の住まいは静か_____静かだが、交通や生活は少し不便だ。
   a．とは   b．とはいえ   c．といえば   d．といっても
(9) 100点をとれとは言わないまでも、_____70点は取らないと合格しないよ。
   a．まして   b．せめて   c．やけに   d．ろくに
(10) 多少_____自信が持てるようになった。
   a．なりとも   b．ほどでも   c．たりとも   d．くらいは

8. 次の_____の言葉の意味と最も近い意味で使われている文を、a〜dから一つ選びなさい。
(1) 暴風雨のために、がけくずれが起きた。
   a．住宅ローンの返済のために、一生懸命に働いている。

b．あの作家は子供の<u>ため</u>になる本をたくさん書いた。

c．娘を留学させる<u>ため</u>に、長年の貯金を使った。

d．学校に遅れたのは、朝寝坊をした<u>ため</u>である。

(2) 彼は知ってい<u>ながら</u>教えてくれない。

a．あの子はいつもテレビを見<u>ながら</u>食事をしている。

b．人は生まれ<u>ながら</u>にして平等であるという格言がある。

c．お土産を売る子は、子供<u>ながら</u>に巧みな英語で「One dollar！One dollar！」と言って寄ってくる。

d．その女子学生は自分の体験を涙<u>ながら</u>に語った。

(3) 駅員に変な目で見<u>られ</u>て、恥ずかしかった。

a．雑誌や新聞は閲覧室でしか見<u>られ</u>ません。

b．後で食べようと思って冷蔵庫に入れておいたケーキを弟に食べ<u>られ</u>た。

c．先生、もう帰<u>られ</u>ますか。

d．明日、7時までにここに来<u>られ</u>ますか。

9．次の（　）に、適当な助詞を入れなさい。

(1) 心のリフレッシュをする（　）は、日常生活（　）離れることだ。

(2) 昨日、私は友達（　）高野山（　）案内しました。

(3) だれでも遊びや好きなことを仕事（　）したいと思う。

(4) どちらを買う（　）悩んだあげく、結局、両方（　）（　）買わずに帰ってきてしまった。

(5) 彼女は和菓子ならどんなもの（　）（　）作れるそうです。

(6) 生活習慣（　）変えるだけで、老化の予防（　）つながるのです。

(7) 留学経験が仕事（　）役立っている。

(8) クーラー（　）頼らずに、暑い夏（　）乗り切っていこう。

(9) 保護者と学校（　）の間に十分な協力関係が保たれていることが重要です。

(10) 今年の夏、原子力発電所の停止で電力不足は昨年（　）（　）増して深刻になるだろう。

(11) 子供を幼稚園（　）送り出した。

(12) もう我慢できない。彼の態度があまりにもひどい（　）（　）だ。

10. 次の中国語を日本語に訳しなさい。

(1) 这本连环画无论是内容还是形式都很适合孩子。

(2) 年末年初比平时更加忙碌，快乐的集会丰富多彩。

(3) 人只要活着，多少都会有些烦恼。

(4) 这个不扔扔什么？都不能用了。

(5) 最近我不去那家面馆了。因为让人（客人）等得时间太长了。

(6) 听说暑期修学旅行才5万日元，便宜是便宜，但是因为我要打工所以不能去。

(7) 没说让你拿第一，但至少要和别人的成绩差不多。

(8) 从学生的人数来说，我认为一个班20人最合适。

(9) 医生和护士一样，夜班、白班，反正都很忙。

(10) 哈尔滨的冬天冷早有耳闻，不过，今天也太冷了吧。

Ⅱ. 听力

1. 録音を聴いて、内容と合っていれば○、合っていなければ×を（　）に書きなさい。

   (　) (1) 記者がインタビューしている男の人は、水泳の選手である。
   (　) (2) この選手は今回の試合に負けた。
   (　) (3) この選手はオリンピックの出場資格がある。
   (　) (4) この選手は銀メダルを取りたいと考えている。

2. 録音を聴いて、正しい答えを①～④から選びなさい。

   (1) _____　　(2) _____

3. 問題の文を聴いてそれに対する正しい返答を1～3から最もいいものを一つ選びなさい。

   (1) _____　(2) _____　(3) _____　(4) _____

Ⅲ. 阅读

次の文章を読んで、後の問いに答えなさい。

　　地区で開かれた「子供しつけ教室」に参加した時のことである。「おこづかい帳はつけさせていますか」との問いかけに、心の中でほほ笑みたくなった。子供の金銭管理に話が及んだからだ。
　　我が家には「お母さんの銀行」というものがある。
　　子供たちは中2の長女に、小6の長男、小5の次男だ。おこづかいは月千円程度だが、親類からいただいたお金やお年玉などの臨時収入もあわせると、月1万円近くになることもある。
　　現金をきちんと管理することは、大人でさえも難しい。（　イ　）一計を案じたのが「銀行」だ。用意するものは、小さなメモ帳を入れた、ファスナー付の小さなクリアケースだけだ。
　　子供たちのおこづかいは全額その中に入れ、専用の金庫の中に保管する。お金の出入りがあったら記帳。そこまでは普通だ。
　　我が家の「銀行」の特別なところは、月初めに残高の1％に利子がつくことだ。残高がはっきりしないと利子はつかないので、子供たちは記帳を忘れない。私も子供たちの所持金を把握することができる。一石二鳥だ。そのうち利息がついてからお金を使う、なんていう知恵

もついてくる。

　小さいうちからの金銭教育は非常に重要だ、とよく言われる。「やらなければ」なんて堅苦しく考えるより、工夫して楽しくできたらいいと思う。「お母さんの銀行」、みなさんも始めてみませんか。

質問

(1) 次の中から、（　イ　）に入れるのに適当な接続詞を選びなさい。
　　a．そこで　　　b．ところが　　c．また　　d．ところで

(2) 「ほほ笑みたくなった」のはなぜですか。次の中から適当なものを選びなさい。
　　a．我が家には「お母さんの銀行」があり、おこづかい帳をつける必要がないから。
　　b．中１と小５の子供には、まだおこづかいを与えていないから。
　　c．「お母さんの銀行」は、子供たちが進んでおこづかい帳をつけられるようになっているから。
　　d．我が家のおこづかい帳は、台所の引き出しに保管されているから。

(3) 「一石二鳥」は、この文章ではどういう意味ですか。
　　a．残高がはっきりすると、月初めに利子がつく。
　　b．「お母さん銀行」のおかげで、子供たちはお金の出入りの記帳を忘れず、母親も子供の所持金を把握できる。
　　c．こどものおこづかいが月１万円近くあるので、小さいうちから楽しんで金銭教育ができる。
　　d．「お母さん銀行」のおかげで、利息がついてからお金を使うという知恵がつく。

最後に会話文と読解文を読み直して、_____を埋めなさい。

ユニット１　会話 めんそーれ

（東西大学空手部一行は那覇国際大学空手部と合同合宿をするために沖縄に行く。那覇空港で）

王　　　ここが日本の最南端、沖縄かあ。あったかいなあ！
マイク　海の青さ_____、空気_____、同じ日本とは思えないなあ。
（那覇国際大学の顧問と部長が近づいて来る。小川が気づく）
小　川　あっ、比嘉先生！お久しぶりです。
比　嘉　やあ、小川君。皆さん、めんそーれ！
小　川　今年もよろしくお願いします。那覇国際さんは、去年_____ますます強

くなったと聞いてますよ。

比　嘉　いやいや、東西さんこそ。強い1年生が入ったそうじゃありませんか。うちの大学はこのところ_____でね。今度の試合は_____にお願いしますよ。

喜屋武　じゃあ、まず_____にこの近くの市場にご案内します。1階で好きな食材を買ったら2階で料理してくれますから、向こうに着いたら各自食材を選んでください。

全　員　おす！
（市場の中を歩く。各店が熱心に声を掛けてくる）

おばあ　お兄さん、_____？

大　山　んー、魚、食べたいんですけど、よく分からなくて…。

おばあ　それなら、いろんな種類をちょっとずつ選んだらどう？これとこれと…。あ、そうだ。それから、あと、このイラブーも。

大　山　えっ、こ、これ、食べられるんですか。

おばあ　もちろん！これ、海蛇ね。イラブー汁にするとおいしいんだよ。

大　山　（後ずさりする）海蛇？！いやあ、いいっす…。

おばあ　じゃあ、これは？ハリセンボン。こうなる前の姿がこれね。

大　山　ぎゃああ！（青い顔でその場を離れる）
（2階の食堂）

店　員　お客さんたち、どちらから？____、これ、味見してってよ。それから、ゴーヤーチャンプルーの作り方_____から、こっちいらっしゃい。

マイク　わーい、ゴーヤーチャンプルーだあ！

店　員　（食材を示しながら説明する）はい、材料は、ゴーヤー、卵、鰹節、島豆腐、ポーク缶詰、それと調味料。

王　　　ゴーヤーって、「苦瓜」とも言いますよね。中国では発音は違いますけど、同じ漢字を使うんですよ。

店　員　へえ。

王　　　それに、島豆腐って中国の豆腐に似てますねえ。きっと両方とも中国から_____んだろうな。

店　員　ああ、そうかもね。じゃあ、炒める前に_____ね。ゴーヤーは縦二つに切って、中の種を_____、薄切りにする。そして、島豆腐は手で大きく_____おく。…ポークは厚さ5ミリぐらいに切って…と。

マイク　（少しつまみ食いする）うん！これ、懐かしい味！
店　員　こらこら！…卵は器に＿＿＿＿よく混ぜておく。はい、＿＿＿＿は終わり！
　　　　さあ、ここからは自分たちでやってみる？
マイク　はい！
店　員　まず、熱したフライパンに豆腐を入れて、よく火を＿＿＿＿…
マイク　はい。最初に豆腐を＿＿＿＿んですね。
店　員　…で、豆腐に火が＿＿＿＿、それを皿に取り出しておいて、（皿を渡す）
　　　　それから、フライパンをそのまま強火に＿＿＿＿、ポークを入れて、炒める。
マイク　豆腐を炒めたあとはポーク…と。（ポークをフライパンに入れる）
店　員　はい。それから、ゴーヤーを入れて、よく＿＿＿＿たら軽く塩を＿＿＿＿、
　　　　味付けね。
マイク　（塩を入れながら）砂糖は入れないんですか。
店　員　そう。やまとの料理には何でも砂糖を＿＿＿＿んでしょ。＿＿＿＿いないの
　　　　が沖縄料理の特徴なんだよ。
王　　　へえ、それも中華料理とちょっと似てますね。中華料理と日本料理が＿＿＿＿
　　　　のが沖縄料理なのかなあ。
マイク　それとアメリカ料理もね！
店　員　最後に鰹節と卵を入れて混ぜて、火が通ったら＿＿＿＿。
王　　　わあ！おいしそう！＿＿＿＿に食べよう！
　　　　（王とマイクがゴーヤーチャンプルーを持って皆のところに行く）
王　　　お待ちどおさま！あれ、大山さんは？
小　川　さっき青い顔して戻ってきて、先にホテルに行ってるって。
王　　　えっ、そうですか。どうしたのかなあ…。

ユニット2　読解 グッド・ハウスキーピング

○もっともその当時はとくに「主夫」をやろうと＿＿＿＿いたわけではなく、たまたまちょっとした＿＿＿＿で、女房が仕事に出て僕が家に残ることになったのだ。

○「主夫」の日常は「主婦」の日常と同じくらい＿＿＿＿である。

○流しの中にある食器はすぐに洗ってしまうというのが家事の＿＿＿＿のひとつである。

○金がないと生活というのはおどろくくらいど＿＿＿＿＿になる。
○とはいっても洗濯機がないから、風呂場で＿＿＿＿＿と足で踏んで洗っちゃうわけである。
○買い物とはいっても冷蔵庫がないから＿＿＿＿＿なものは買えない。
○その日使うものだけを＿＿＿＿＿ように買うわけだ。
○こういうのを「シンプル・ライフ」と＿＿＿＿＿いったい何と呼べばいいのだろう？
○なにしろ暇なものだから、僕はこの時期だけで、「講談社・少年少女世界名作全集」を＿＿＿＿＿したし、『細雪』なんて三回も読んだ。
○というのはだいぶ日常的に経験したことのないかたにはわからないだろうけれど、かなり＿＿＿＿＿種類の感興である。
○こういいろんな思いが＿＿＿＿＿されて、「……」という沈黙になるのである。
○だから、「あ、ごめん、食べてきちゃった」なんて言われるとやはり＿＿＿＿＿。
○だから男が主婦の役割をひきうければ、彼は＿＿＿＿＿多かれ少なかれ「主婦的」になっていくはずである。
○そうすれば現在社会でまかりとおっている通念の多くのものがいかに不確実な＿＿＿＿＿の上に成立しているかというのがよく分かるはずである。

実力テスト1

1. 次の下線部の漢字の読み方をひらがなで書きなさい。

    (1) 滑べる　滑稽　　_____

    (2) 転ぶ　転倒　　_____

    (3) 種　種類　　_____

    (4) 恐れ　恐怖　　_____

    (5) 定着　定める　　_____

    (6) 似る　類似　　_____

    (7) 蓄える　蓄積　　_____

    (8) 凍える　冷凍庫　　_____

    (9) 恵む　知恵　恩恵　　_____

    (10) 生活　生涯　芝生　　_____

    　　生ビール　生真面目　　_____

    　　生まれる　生かす　　_____

    　　生い立ち　生える　　_____

    　　生きる　　_____

2．次の下線部のひらがなを漢字に直しなさい。

(1) 兄はオリンピックで金メダルをかくとくした。
(2) これは東西大学を知るぜっこうのチャンスです。
(3) この野菜はねっとうをかけるとおいしくなる。
(4) 新製品の安全性にけねんの声が出ている。
(5) 新製品はじゅうらいのものに比べて格段に使いやすい。
(6) 彼はいつもきみょうな服を着ている。
(7) このお酒はこおりを入れて飲んだほうがおいしい。
(8) 社会保障は暮らしのきばんを支えている。
(9) 北京のことをなつかしく思い出した。
(10) 毎日英語づけだったので、上達が速かった。

(1)	(2)	(3)	(4)	(5)
(6)	(7)	(8)	(9)	(10)

3．次の ☐ と同じ漢字を使うものをa～dから一つ選びなさい。

(1) ついさいきんまで上海に住んでいた。
　　a．この美術館では日本と西洋のきんだい美術の作品を紹介しています。
　　b．路上での喫煙はきんしされています。
　　c．あまりにもきんちょうして、頭の中が真っ白になってしまいました。
　　d．毎日のつうきんラッシュがつらい。
(2) みなさんの行動力にかんしんしました。
　　a．かんきょうにやさしい農業を目指しています。
　　b．歴史的かんてんから考察していきたい。
　　c．あなたがもっともかんどうした映画は何ですか。
　　d．人は気持ちがかんじんです。
(3) 学生の相互交換留学のきょうていを結んだ。
　　a．消費者向けのサービスはきょうそうが激しいから値上げは難しい。
　　b．年齢を重ねてくるとこきょうがとても大きな存在となる。
　　c．福沢諭吉は、英語きょういくに力を入れた。
　　d．ご理解とごきょうりょくをお願いします。
(4) 何をきじゅんに分類するのでしょうか。
　　a．留学はわたしにとってきちょうな経験となりました。

b．日本のプロ野球の新きろくを達成しました。
　　　c．英語のきそをしっかりマスター！
　　　d．生きていることがきせきです。
　(5) 旅はしやを広げることができる。
　　　a．テニスのしあいに出てみたい。
　　　b．仏教しそうが日本に浸透した。
　　　c．400万円程度のしきんが必要です。
　　　d．女性のしてんからきめの細かいアドバイスを行っています。

4．次の_____に入れるのに最もよいものをa～dから一つ選びなさい。

　(1) 85％の親は、自分が「親バカ」だと_____している。
　　　a．自覚　　　b．自信　　　c．自分　　　d．自画
　(2) あの選手の体力は、もはや_____に近い。
　　　a．制限　　　b．期限　　　c．限界　　　d．限定
　(3) 初めて見たシェークスピアの芝居に_____して、彼は俳優になろうと決心した。
　　　a．感覚　　　b．感激　　　c．感情　　　d．感受
　(4) 相手の話を_____に受け止めるという気持ちが大切です。
　　　a．真偽　　　b．真剣　　　c．真因　　　d．真実
　(5) _____にルームメイトと「魔女の宅急便」のDVDを見ました。
　　　a．気移り　　b．気後れ　　c．気さく　　d．気晴らし
　(6) 入り口に_____ください。
　　　a．押さえないで　　　　　b．埋めないで
　　　c．ちぎらないで　　　　　d．立ち止まらないで
　(7) 値切って、2千円_____もらった。
　　　a．負けて　　b．抑えて　　c．混ぜて　　d．目だって
　(8) 薬が_____また頭が痛くなった。
　　　a．切れたら　b．くくったら　c．曝したら　d．ためらたら
　(9) 余計なことで気を_____いるからいらいらするんだよ。
　　　a．組んで　　b．込んで　　c．揉んで　　d．噛んで
　(10) 感情に_____と冷静さを失い、的確な判断ができなくなる。
　　　a．走る　　　b．駆ける　　c．たまる　　d．使う
　(11) お酒は好きだけど、家では_____飲まない。
　　　a．たまに　　b．めったに　c．かなり　　d．まさに

(12) 父は毎日畑で＿＿＿＿働いている。
　　　a．すっと　　b．きっと　　c．さっさと　　d．せっせと
(13) ＿＿＿＿君がやったのではないだろうね。
　　　a．まさか　　b．まるで　　c．とにかく　　d．なんとか
(14) 小説を読んで現実を忘れ、その世界に＿＿＿＿つかりたい。
　　　a．たっぷりと　　b．どっぷりと　　c．こっそりと　　d．はっきりと
(15) 女の子たちの＿＿＿＿笑顔が魅力的です。
　　　a．あざやかな　　b．にぎやかな　　c．さわやかな　　d．ひそやかな

5．次の＿＿＿＿の言葉に意味が最も近いものを、a～dから一つ選びなさい。

(1) 子供の才能をのばすには、何よりも親の愛情が必要。
　　　a．中学に入ってからはずっと髪をのばして腰くらいまであった。
　　　b．丁寧な対応が、売り上げをのばすコツなんですね。
　　　c．昼食後は、歩いて丸山公園まで足をのばした。
　　　d．手でハンカチのしわをのばした。
(2) 大臣の椅子をふっても、自分の主義を曲げない。
　　　a．せっかくのチャンスを棒にふってしまった。
　　　b．自分にこんな役をふってくるとは思わなかった。
　　　c．野菜に塩をふり、しばらく放置する。
　　　d．よくふってからお飲みください。
(3) 広場は大勢の人で埋まっている。
　　　a．浴槽の底は砂で埋まっている。
　　　b．赤字はまだ埋まっていない。
　　　c．せっかく、埋まった欠員なのに、1ヶ月で辞めてしまった。
　　　d．結婚式場は半年前から予約で埋まっている状態です。
(4) 今年は出費をおさえると言いつつも、あれこれ買ってしまった。
　　　a．あの時、自分の感情をおさえることができなかった。
　　　b．要約とは文章を短くすることじゃなくて、要点をおさえることです。
　　　c．もう少し甘みをおさえたほうがいいです。
　　　d．新年会の会場は早めにおさえた方がよいでしょう。
(5) 心配していた交渉がうまくまとまった。
　　　a．貯金がある程度まとまったら、家を買いたい。
　　　b．研究報告書がやっとまとまった。

c．相談がまとまったので、実行に移そう。
d．みんなの気持ちがまとまらず、ばらばらだ。

6．次の_____に入れるのに最もよいものをa～dから一つ選びなさい。

(1) 私は頭が悪くて、_____忘れてしまう。
    a．教えばそばから   b．教わるとそばから
    c．教わるそばから   d．教わってそばから

(2) 今帰ってきた_____、もう出かけてしまった。
    a．かと思ったら   b．と思って
    c．と思うなら   d．かと思って

(3) 日本語力は、あきらめずに勉強を続ければ_____。
    a．絶対に伸びない   b．伸びるとは限らない
    c．伸びないではないか   d．必ず伸びる

(4) 残念な_____、今回の旅行は中止になりました。
    a．ことはない　b．ことから　c．ことに　d．ことなんだから

(5) 社長の思い切った経営方針の転換なしには、_____。
    a．業績の向上は見えてくるはずだ　b．業績の悪化は避けられない
    c．業績の飛躍は期待できるだろう　d．業績の悪化は避けられる

(6) 白樺派の運動は、単に文学にとどまらず_____。
    a．総合的な芸術運動とはいえない　b．総合的な芸術運動ではなかった
    c．総合的な芸術運動ではあった　　d．総合的な芸術運動でもあった

(7) 頑張った甲斐が_____、全国大会で優勝することができた。
    a．みて　　b．あって　　c．なくて　　d．ありすぎて

(8) あの店_____サービスが悪くて……。
    a．として　　b．ときて　　c．ときたら　　d．としたら

(9) 喫煙は体に悪いと知りつつ_____。
    a．やめた　　b．やめる　　c．やめられない　d．やめることはない

(10) 世の中は不思議なこと_____です。
    a．だらけ　　b．まじり　　c．まみれ　　d．だけ

7．次の文の__★__に入る最もよいものをa～dから一つ選なさい。

(1) せめて_____　_____　_____　__★__。
    a．理解して　　b．もらいたい　　c．だけでも　　d．周りの人に

(2) ＿＿＿ ＿＿＿★＿＿＿ ＿＿＿いけない。
　　a．無駄に　　b．たとえ　　c．1円なりとも　　d．使っては

(3) ＿＿＿ ＿＿＿ ★＿＿ ＿＿＿は、ビジネスの常識からいうと24時間以内にしなければならない。
　　a．返信　　　　　　　　　　b．問い合わせメールへの
　　c．先方の　　　　　　　　　d．こちらからの

(4) ＿＿＿ ★＿＿、＿＿＿ ＿＿＿環境を破壊しながら生きている。
　　a．少なかれ　b．多かれ　　c．生き物は　　d．人間という

(5) ＿＿＿ ★＿＿ ＿＿＿ ＿＿＿、じっくり見ると微妙に違うところがある。
　　a．似ている　b．似ている　c．のだが　　d．といえば

(6) これを奇跡と＿＿＿ ★＿＿ ＿＿＿ ＿＿＿ね。
　　a．呼ぶ　　　b．なんと　　c．呼ばずして　d．のだろう

(7) 自分という ★＿＿ ＿＿＿ ＿＿＿ ＿＿＿、少し勇気を出して、積極的に発言しようではないか。
　　a．理解する　b．ためにも　c．存在を　　d．正しく

(8) 現代社会でまかりとおっている通念の多くが、★＿＿ ＿＿＿ ＿＿＿ ＿＿＿かというのがよく分かるはずである。
　　a．不確実な　b．成立している　c．基盤の上に　d．いかに

(9) 僕も＿★＿ ＿＿＿ ＿＿＿ ＿＿＿主夫生活を送ってみたいと思う。
　　a．もう一度　b．心ゆくまで　c．のんびりと　d．できることなら

(10) ＿＿＿ ＿＿＿ ＿＿＿ ＿★＿理解してもらいたかった。
　　a．でも　　　b．せめて　　c．だけ　　　d．家族に

日本語能力試験2級動詞リスト

会う・合う・遭う	諦める	暴れる	言い出す
開く	あげる	溢れる	言いつける
開・明ける	憧れる	甘える	入れる
空く	味わう	甘やかす	いじめる
荒れる	預ける	洗う	急ぐ
上げる	遊ぶ	争う	致す
当てはめる	与える	改める	痛む
編む	暖める	現れる	いただく
扇ぐ	集める	表す・現す・著す	祝う
呆れる	扱う	歩く	飢える

受け持つ	追いかける	帰る・返る	砕く
受ける	追い越す	返す	砕ける
植える	追いつく	抱える	くっつく
生まれる	追う	輝く	くっつける
打ち消す	落ち着く	隠す	狂う
打つ・撃つ・討つ	落とす	隠れる	苦しむ
売り切れる	覆う	囲む	苦しめる
売れる	拝む	稼ぐ	くるむ
浮かぶ	補う	数える	くれる
浮く	行う	片づく	加える
埋める	収める・治める・納める	片づける	消す
伺う	抑える	傾く	越・超える
動かす	教える	間違える	越・超す
動く	恐れる	担ぐ	込む・混む
失う	驚かす	悲しむ	焦がす
薄める	驚かす	構う	焦げる
歌う	驚く	からかう	漕ぐ
疑う	覚える	乾かす	凍える
訴える	思い込)む	乾く	腰かける
移す	思い出す	決める	こしらえる
写う・映す	思いつく	効く	答える・応える
うなずく	思う	消える	言付ける
奪う	泳ぐ	切れる	好む
敬う	及ぼす	聞く	こぼす
恨む	卸す	聞こえる	こぼれる
裏返えす	掛ける	着替える	殺す
占う	噛む	刻む	転がす
羨む	欠ける	築く	転ぶ
得る	枯れる	嫌う	壊す
描く	書く	悔やむ	壊れる
選ぶ	勝つ	汲・酌む	下げる
押さえる	掻く	食う	覚ます
押す	貸す	組む	差し上げる
下ろす・降ろす	買う	暮らす	差し引く
起こす	変える・代える・換える	暮れる	咲く
終える	・替える	崩す	指す・刺す・射す・差す
折れる	嗅ぐ	崩れる	
置く	帰す	くたびれる	避ける

冷ます	責める	就く・点く・着く・付く	飛び込む
冷める	背負う		飛び出す
裂く	逸れる	積む	飛ぶ・跳ぶ
逆らう	注ぐ	注ぐ	捕らえる
探す	育つ	漬ける・浸ける	溶かす
叫ぶ	備える	釣り合う	溶く
支える	揃う	突く	溶け込む
囁く	揃える	突っ込む	通す
競う	経つ	付き合う	整う
妨げる	炊く・焚く	付ける・点ける・着ける	届く
騒ぐ	足す		届ける
湿める	発つ	連れる	退ける
占める	立つ・建つ	掴む	為す
締める	倒す	疲れる	慣れる
閉める	倒れる	捕まえる	泣く
沈む	高める	伝える	投げる
従う	耕す	包む	無くす・亡くす
支払う	蓄える	続く	鳴らす
しびれる	助ける	続ける	直す・治す
しぼむ	畳む	勤める・務める・努める	眺める
しまう	叩く	繋ぐ	流す
示す	戦う・闘う	潰す	流れる
しゃがむ	例える	潰れる	慰める
過ごす	楽しむ	つまずく	怠ける
空く	頼む	吊す	悩む
済む	試す	照らす	習う
住む	ためらう	出かける	並ぶ
澄む	出す	出会う	煮える
救う	抱く	出迎える	逃がす
優れる	散らかす	解く	逃げる
勧める	散らす	解ける・溶ける	似合う
進む	近づく	止める・泊める・留める	臭う・匂う
進める	近づける	取り出す	憎む
涼む	誓う	取り上げる	睨む
すれちがう	縮む	取り替える	脱ぐ
ずれる	縮める	取り消す	濡らす
ずらす	縮れる	取れる	抜く
攻める	詰める	飛ばす	抜ける

縫う	弾く	曲げる	申す
盗む	冷える	撒く・蒔く	儲かる
願う	冷やす	待つ	儲ける
狙う	轢く	負ける	求める
飲む	ひっくり返す	またぐ	戻す
乗り換える	ひっくり返る	間違う	もらう
伸ばす・延ばす	広げる	纏める	止む
残す	広める	学ぶ	止める・辞める
除く	拾う	招く	焼く
覗く	更ける	迷う	焼ける
望む	拭く	回す	訳す
晴れる	触れる	見える	役立つ
掃く	振り向く	見つける	休む
吐く	振る舞う	見つめる	やっつける
這う	吹く	見上げる	雇う
剥がす	増える	見下ろす	破く
履く	増やす	磨く	揺れる
運ぶ	踏む	認める	許す
挟む	含む	見直す	寄こす
始める	含める	見舞う	呼び出す
外す	膨らます	向かう	呼びかける
離す・放す	膨らむ	向く	呼ぶ
話し合う	塞ぐ	向ける	止す
話す	ふざける	蒸す	酔う
省く	防ぐ	剥く	汚す
はめる	震える	迎える	蘇る
払い込む	ぶつける	結ぶ	喜ぶ
払う	ぶらさげる	恵まれる	略す
生える	減らす	目指す	割れる
引き出す	凹む	目立つ	沸かす
引き受ける	干す	持ち上げる	沸く・湧く
引き返す	吠える	燃える	分ける
引き留める	誉める・褒める	燃やす	別れる
引く	ほどく	揉む	忘れる
引っ込む	微笑む	申し込む	渡す
引っこ越)す	巻く	申し上げる	笑う

第13課　クロスカルチャー

単語帳

パスポート　フライドチキン　ポテトチップス　アスペクト　マッチ　ロープ　テント　ペット
テント　ペット　ナイフ　サーフィン　タオル　ニュアンス　アフレコ　クロスカルチャー
血　筋　唇　俺　日常茶飯事　経費　金額　費用　感情　順位　収入　物事
土台　視点　近道　前項　逆説　最低限　文句　人工　宴会　両肩　左腕
無礼講　下着　望遠鏡　毛布　裁縫　化粧品　無人島　戦前　戦後　師範
野菜スティック　包帯　泡盛　京料理　いける口　三線　伝統舞踊　楽器　二胡
両腕　東北　熱帯地方　早朝　居酒屋　持ち合わせ　離れ業　波乗り　人種
至難の技　度合い　終電　打ち上げ　まぐれ　ダメモト
優勝　覚悟　遭遇　実践　付随　付加　愛着　文字化け　倒産　節減　土着
手加減　眼前描写　生存　謙遜　出題　呼吸　対峙
負かす　寝かす　降ろす　施す　許す　酔っぱらう　酔う　奪う　扱う　疑う　改める
捉える　はせる　責める　陥る　塗る　物語る　おごる　そろえる　飲み干す
決め付ける　あてはめる　あてはまる　慎む　落ち込む　冷え込む　生まれ育つ
稽古をつける
おかしい　ややこしい　近しい　一気に　本格的　恣意的　所詮　ふと　一杯
適切　冷静　真っ黒　特異　無神経　わがまま　非常識　肝要　ぐーっと　ガタガタ
がむしゃら　やれやれ　かくして　大した

文法リスト

[V]（よ）うと（は／も）しない＜否定意志＞
[N／Vる]ともなると／ともなれば＜特殊条件＞
[V]（よ）うにも[V（可能）]ない＜无法实现＞
[V₁]ずには[V₂]ない＜必要条件＞
何も～ない＜纠正＞
[V]たいものだ＜希望＞

のみ＜限定＞
～といった[N]＜列挙＞
～ほど～はない＜最高程度＞
[Vた]ところで＜転折＞
[V]もしない＜全面否定＞

第13課　クロスカルチャー

I．文字・詞汇・語法

1．次の下線部の漢字の読み方をひらがなで書きなさい。

(1) 週に2、3回、会社帰りに<u>居酒屋</u>で飲んでいます。
(2) 最近彼はスランプに<u>陥って</u>いるようだ。
(3) <u>無神経</u>な男はきらい。
(4) 何事にも辛抱が<u>肝要</u>だ。
(5) 寒い季節になると乾燥するので、<u>唇</u>の荒れが気になります。
(6) 彼はいつも<u>恣意的</u>な判断をして人を困らせる。
(7) 自分にあった語学学校を探すのは<u>至難の技</u>だ。
(8) 無人島と思われていた島に<u>土着</u>の民族がいた。
(9) 旅行先で信じられないような<u>離れ業</u>を見た。
(10) 言葉から災いを招くことがあるから、言葉を<u>慎む</u>べきである。
(11) 畑の根菜類に肥料を<u>施す</u>。
(12) 先生が過去の<u>出題</u>内容を分析し、ポイント解説をしてくれた。
(13) 固定電話から携帯電話への通話料<u>節減</u>の方法をご存知ですか。
(14) <u>文字化け</u>を起こさないためには、どんなことに注意すればいいでしょうか。
(15) 1868年、江戸は「東京」と<u>改め</u>られた。

(1)	(2)	(3)	(4)	(5)
(6)	(7)	(8)	(9)	(10)
(11)	(12)	(13)	(14)	(15)

2．次の下線部のひらがなを漢字に直しなさい。

(1) 左中指は包丁で怪我をしたので<u>ほうたい</u>をしている。
(2) 今日は<u>ぶれいこう</u>だからみんなで大いに楽しみましょう。
(3) 悩むだけ悩んだら、あとは<u>かくご</u>を決めるしかない。
(4) 地震に<u>そうぐう</u>したときの対処法を知っておけば慌てずにすみます。
(5) メンバーは日々<u>けいこ</u>に励んでいます。
(6) 子どもの時、<u>にちじょうさはんじ</u>に兄弟げんかをしていました。
(7) 会議が終わった後、お別れの<u>えんかい</u>を開くことになっています。
(8) 卒業すると、幅広い人間関係の<u>こうちく</u>が必要になります。
(9) 女性の年齢を尋ねるのは<u>ひじょうしき</u>だ。

(10) 住民が、地元に誇りとあいちゃくを持って暮らしていける町作りを目指したい。
(11) 女性から財布をうばう強盗事件がおきたそうだ。
(12) 今まで学んできたことのじっせんが最も重要だと思う。
(13) この提案が通ると会社のどだいが揺らぐのではないだろうか。
(14) 政府の関与のどあいが問題の焦点だ。
(15) 薬をぬると、痒みはすぐ収まった。

(1)	(2)	(3)	(4)	(5)
(6)	(7)	(8)	(9)	(10)
(11)	(12)	(13)	(14)	(15)

3. 次の＿＿＿＿に入れるのに最もよいものを、a～dから一つ選びなさい。

(1) 話をする側と聞く側には、受け取り方に微妙な＿＿＿＿の違いがある。
　　a．センテンス　　b．アナウンス　　c．ニュアンス　　d．エレガンス
(2) 田中さんは子どもに合気道の稽古を＿＿＿＿いる。
　　a．つけて　　　　b．かけて　　　　c．うけて　　　　d．ぬけて
(3) 片足でバランスを＿＿＿＿のは難しい。
　　a．取る　　　　　b．慎む　　　　　c．決める　　　　d．定める
(4) 若いときは、小説の主人公を自分に＿＿＿＿共感したものだ。
　　a．当てはまて　　b．当てはめて　　c．当てつけて　　d．当て外れて
(5) わたしは漫画を読み始めると、＿＿＿＿読んでしまわないと気がすまない。
　　a．一瞬に　　　　b．一斉に　　　　c．一気に　　　　d．一般に
(6) 現在のわれわれの力では彼を＿＿＿＿ことは難しい。
　　a．勝つ　　　　　b．敗れる　　　　c．戦う　　　　　d．負かす
(7) たった一年間勉強しただけで1級試験に合格したなんて、李さんは＿＿＿＿ものです。
　　a．大きい　　　　b．大して　　　　c．大した　　　　d．大きな
(8) 最前列で阿波踊りを見ていた私は、「カッコイイ！」「踊りたい！」と下町っ子の血が＿＿＿＿。
　　a．満ちた　　　　b．燃えた　　　　c．沸いた　　　　d．騒いだ
(9) この講座の目的は、登場人物の言動から心情の変化を＿＿＿＿力を育てることである。
　　a．捉まえる　　　b．捉える　　　　c．構える　　　　d．備える
(10) このドキュメンタリーを見て、生命の神秘に思いを＿＿＿＿。
　　a．走った　　　　b．巡った　　　　c．馳せた　　　　d．遡った

第13課　クロスカルチャー

4．次の説明に合っているものをa～dから一つ選びなさい。

(1) 周囲のおもわくや事の成否などは考えずに、自分のやろうと思った事を強引にやってしまうこと。
　　a．ぶれい　　　b．がむしゃら　　c．だめもと　　d．がたがた

(2) 相手の程度や状況に応じて、扱い方を適当に調節すること。
　　a．火加減　　　b．湯加減　　　　c．味加減　　　d．手加減

(3) 素質がある。
　　a．筋がいい　　b．虫がいい　　　c．要領がいい　d．気がいい

(4) 興行や仕事を終えて、関係者でおこなう祝い・慰労の会。
　　a．打ち合わせ　b．打ち出し　　　c．打ち上げ　　d．打ち止め

(5) きわめて重要なこと。
　　a．用心　　　　b．用意　　　　　c．注意　　　　d．肝要

(6) 偶然の好運にめぐまれること。
　　a．まみれ　　　b．まぐれ　　　　c．まさに　　　d．ましだ

(7) 特に注意して、ある点を見ること。
　　a．着目　　　　b．執着　　　　　c．愛着　　　　d．土着

5．次の＿＿＿に、{ }から適当な言葉を選んで入れなさい。また、選んで入れた言葉の説明を後の□□□から選び、（　）に記号を書きなさい。

{a．猿も木から落ちる　b．花より団子　c．腐っても鯛　d．猫に小判}

(1) 視聴率の低迷が言われている年末の紅白であるが、まだまだ世間への影響力は高い。さすがに＿＿＿だ。（　）

(2) こんなに上等なステーキも、味音痴の彼には＿＿＿だ。（　）

(3) 宇多田ほど有名な歌手でもステージで失敗することがあるんだなー。＿＿＿とは良く言ったものだ。（　）

(4) 私なら＿＿＿、表彰状よりお金でももらった方がありがたいね。（　）

A．どんなにその道にすぐれている人でも、時には失敗をすることがある。
B．もともと優れたものは、少しいたんでも価値を失わない。
C．どんな貴重なものでも、その価値が分からない者に与えたのでは、何の役にも立たない。
D．外観よりも実質を尊ぶこと。

{a．目に見える　b．目を奪われる　c．目がいく　d．目に付く}

(5) スポーツの生中継に美人キャスターが登場すると、観衆は試合よりも彼女のほうに＿＿＿がちになった。（　）

(6) 付き合いが長くなると倦怠期に入り、それまで気にならなかった点が＿＿＿ようになる。（　）

(7) 必要ではないが、とても魅力的なデザインのバックについつい＿＿＿しまいました。（　）

(8) 小学校の高学年になると、＿＿＿体の成長がわかります。（　）

A　よく見える。目立つ。
B　すばらしさに見とれる。
C　心が引かれて、視線を向ける。
D　見てはっきりわかる。

{ばらばら　　がたがた　　ぺこぺこ　　くたくた}

(9) 風で窓が＿＿＿揺れる。

(10) みんなの意見が＿＿＿だ。

(11) 朝から晩までずっと働いていたので、もう＿＿＿だ。

(12) ご飯はまだですか。おなかが＿＿＿で死にそうですよ。

A　ひどく空腹であるさま。
B　あちこちに分かれていて、一つにならないさま。
C　堅いものが触れ合って発する騒がしい音。
D　ひどく疲れたようす。

6．次の＿＿＿に入れるのに最もよいものを、a～dから一つ選びなさい。

(1) 北京に来たら、北京ダックを＿＿＿よ。
　　a．食べては帰れない　　　b．食べては帰れる
　　c．食べざるを得ない　　　d．食べずには帰れない

(2) 来るはずの宅配便が来ないので、＿＿＿にも出かけられない。
　　a．出かけない　b．出かけた　c．出かけよう　d．出かけ

(3) 今さらどんなに＿＿＿、取られたお金が戻ってくるわけはない。
　　a．くやしがったところで　　　b．くやしがったところへ

c．くやしがったところ　　　　d．くやしがったところに
(4) 秋葉原には、週末＿＿＿＿＿ものすごい人が集まってくる。
　　a．ともなく　　b．ともすると　　c．ともなって　　d．ともなると
(5) 天気のいい朝に散歩をすること＿＿＿＿＿すがすがしいことはない。
　　a．ぐらい　　b．だけ　　c．ほど　　d．など
(6) 自分が食べも＿＿＿＿＿ものを、どうして「美味しい」と薦められるんですか。
　　a．した　　b．する　　c．して　　d．しない
(7) 事故で多くの人が死んだのを聞いて、改めて生きていることの意味を＿＿＿＿＿。
　　a．考えるのをやめた　　　　b．考えてはいなかった
　　c．考えさせられた　　　　　d．考えてならなかった
(8) そんなにひどく言われなくても、何も感じないという＿＿＿＿＿。
　　a．わけがない　　　　　　　b．わけではない
　　c．わけにはいかない　　　　d．わけにならない
(9) 電車やバスで年配の方に席を＿＿＿＿＿若者は少なくない。
　　a．譲らない　　　　　　　　b．譲られる
　　c．譲らせる　　　　　　　　d．譲らせられる
(10) いつかマイホームを＿＿＿＿＿。
　　a．持ちたいものだ　　　　　b．持ちたいことだ
　　c．持ちたいことだった　　　d．持ちたいものだった

7．次の文の＿★＿に入る最もよいものをa～dから一つ選なさい。

(1) 最近、＿＿＿＿　＿★＿　＿＿＿＿　＿＿＿＿大勢の観光客が訪れます。
　　a．から　　b．全国　　c．ともなると　　d．休日
(2) ＿＿＿＿、＿＿＿＿　＿★＿　＿＿＿＿は、毎週火曜日に出すことになっている。
　　a．生ごみ　　b．燃えるごみ　　c．といった　　d．紙くず
(3) ＿＿＿＿　＿★＿　＿＿＿＿　＿＿＿＿育てられない。
　　a．働かず　　b．子供を　　c．しっかりと　　d．には
(4) 一度＿＿＿＿　＿＿＿＿　＿＿＿＿　＿★＿やめられないそうです。
　　a．にも　　b．タバコを　　c．やめよう　　d．吸ったら
(5) この絵を見ると＿＿＿＿　＿＿＿＿　＿★＿　＿＿＿＿いられないだろう。
　　a．でも　　b．笑わず　　c．誰　　d．には
(6) うちの娘は親の心配を＿★＿、＿＿＿＿　＿＿＿＿　＿＿＿＿しない。
　　a．結婚しよう　　b．よそに　　c．とも　　d．いっこうに

(7) 「国内採用」は、日本国内の大学に_____ _____ _____ ___★___です。
　　a．私費留学生　　b．対象　　　c．のみが　　　d．在籍する

(8) 皆様の_____ ___★___ _____ _____、生活必要品をお贈りいたします。
　　a．と　　　　　　　　　　　b．祈りつつ
　　c．いち早い復旧を　　　　　　d．ご無事

(9) 会社は_____ _____ _____ ___★___、そのことに対する説明もしない。
　　a．ばかりか　　b．給料を　　c．社員に　　　d．払わない

(10) 彼女は事故を見てもいない___★___、_____ _____ _____話した。
　　a．かのように　b．実際　　　c．のに　　　　d．見てきた

8．次の日本語を中国語に訳しなさい。

(1) 電池が切れてしまって、連絡しようにもできなかったんです。

(2) 小学・中学生たちが町のイベントに参加することはあるが、高校生ともなれば、なかなかその機会はない。

(3) 人間はこの世に生きている限り、誰かに助けてもらわなければ、生きていけない。

(4) 上司に叱られてかなり落ち込んでいるようですが、何も自らすぐ辞めることはない。

(5) 本学が部屋を提供できるのは、初めて日本に来る新規の留学生のみです。

9．次の中国語を日本語に訳しなさい。

(1) "昨天我给你打电话了，你不在是吧？"
　　"我正好在洗澡，想接电话也接不了。不好意思哈。"

(2) 到了12月份，街上就回荡着铃儿响叮当的旋律。

(3) 我想亲眼看看故宫、长城这样的名胜古迹。

(4) 我在找只有周六、日和假日可以打的工。

(5) 有不少老人抱怨说电车上年轻人不愿意给老人让座。

(6) 布朗是美国人，可他的日语说得就像母语一样。

(7) 无论你多聪明，不努力是考不上一流大学的。

(8) 他考试合格不是侥幸，而是平时不断努力的结果。

II. 听力

1. 録音を聴いて、内容と合っていれば〇、合っていなければ×を（　）に書きなさい。

   (1)
   - (　) a．女性はこの部の選手である。
   - (　) b．男性はこの部の選手である。
   - (　) c．女性と男性はテニス部に所属している。
   - (　) d．彼らは、今日は酒を飲むようだ。

   (2)
   - (　) a．彼らは今週末、沖縄に行く予定である。
   - (　) b．彼らは交流試合が終わった後、泳ぐつもりである。
   - (　) c．彼らはお土産を用意する予定である。
   - (　) d．彼らはすでにお土産を準備している。

(3)
  (　) a．女性が報告しているのは、前回の公式戦の結果である。
  (　) b．対戦相手は沖縄の大学生である。
  (　) c．副部長は3勝2敗である。
  (　) d．全部勝ったのは新しい部員である。

(4)
  (　) a．一昨年の文化祭のテーマは「友情」である。
  (　) b．今度の集まりは水曜日である。
  (　) c．場所は935教室である。
  (　) d．5時開始である。

(5)
  (　) a．女性の持ち物は、マッチとナイフとテントである。
  (　) b．男性の持ち物は、ギターとカメラと服である。
  (　) c．男性は女性の代わりにナイフを持っていくつもりである。
  (　) d．男性は女性に焦り気味だと思われている。

2．問題の文を聴いてそれに対する正しい返答を1～3から最もいいものを一つ選びなさい。

 (1) _____ (2) _____ (3) _____ (4) _____

Ⅲ．閲読

次の文章を読んで、後の問いに答えなさい。

 人生はしばしば偶然に左右されるが、偶然の結果がすべて吉と出るのも珍しい。ベルリン在住の演出家渡辺和子さんは、<u>そういう幸運</u>に恵まれた。

 ウィーンで演劇を学んでいた夫と結婚したのが1960年代の半ば。良家のお嬢様という言葉が、まだ日常に生きていたころだった。渡辺さんが女子大を卒業するまで口をきいたことのある男性は、父と弟だけだったそうだ。

 女も家にばかりいてはいけない、と夫がいう。言葉もわからない外国では行くところがない。昔のおけいこごとを思い出し、帽子をつくる学校に通った。感覚がいいと先生にほめられる。勧める人があり、今度はウィーン工芸大学舞台衣裳科の学生になった。

そこでも認められ、ザルツブルク音楽祭で実習の機会が与えられる。このとき、ドイツの著名な女性舞台衣装家の目にとまった。私の家に住み、食べさせてもあげるから、ベルリンに来て本格的に修行しなさい、と熱心に誘われた。

衣裳で独り立ちしたあと、今度は舞台美術も手がける。やはり（　イ　）からだ。ある劇場から言ってきた。ギャラが高くて衣裳だけでは払えない。舞台美術もやってもらえるならお願いしたい、と。

渡辺さんの舞台空間は簡素が特徴だ。花嫁修業でやらされたお茶やお花の影響が舞台づくりに出る、と本人はいう。それが好評のもとなのだが、装置がシンプルすぎてドイツ人の役者にはどう動いていいかわからない。演出家の隣に座って説明するうち、自分でやった方が早いと（　ロ　）も兼ねることになった。

言葉もわからず渡欧し、演劇には無縁だったのに、昨年はドイツの演出家ベストテンに選ばれた。国籍や経歴を問わず、いいものはいいと認めるドイツの開かれた気風が、自分でも気づかなかった才能を開花させた。

渡辺さんが構成、演出する舞台が、東京の新国立劇場で上演されている。

質問　次の(1)～(3)の問いに答えなさい。

(1) そういう幸運とはどのような幸運を指しているか。
　　a．ウィーンで演劇を学ぶことができる幸運
　　b．人生が偶然に左右される幸運
　　c．ベルリンで修行ができる幸運
　　d．偶然の結果がすべて良いものとなる幸運

(2) （　イ　）に入れるのに適当な語を一つ選びなさい。
　　a．偶然　　　b．実習　　c．学校　　d．夫

(3) （　ロ　）に入れるのに適当な語を一つ選びなさい。
　　a．役者　　　b．演出　　c．衣裳　　d．舞台美術

最後に会話文と読解文を読み直して、＿＿＿を埋めなさい。

ユニット1　会話　打ち上げコンパ
（那覇国際大学との交流試合が終わり、居酒屋で打ち上げのコンパが始まっている）

王　　　　1週間って、＿＿＿＿だったなあ。
マイク　　ほんと。もう、体、＿＿＿＿で歩こうにも歩けないよ。＿＿＿＿、王さんす

　　　　　ごいよ。あの喜屋武さんを_____なんて！
王　　　いえいえ、あれは_____です。_____で、ただ、がむしゃらに_____
　　　　　いっただけで…。
比　嘉　　喜屋武にとっては「_____」かな。
マイク　　喜屋武さん、腕のほうは大丈夫ですか。
喜屋武　　（腕に包帯を巻いている）大丈夫、大丈夫！こんなの、_____だから。王さ
　　　　　ん、次は_____からね！
比　嘉　　（笑いながら）ほんと、王君、初めてなのに_____！
　　　　　　じゃあ、はい、これ、ぐーっと。（泡盛を注ぐ）
王　　　えっ？何ですか、これ。
比　嘉　　これはね、泡盛。沖縄に来たら、これを飲まずには帰れないよ。さあさ
　　　　　あ、最後の日だから、_____！
王　　　そうですか、じゃあ…。（一気に飲み干す）
比　嘉　　おおっ、王君、かなり_____だね。
マイク　　そりゃそうですよ。王さんは中国の超寒いところの出身ですから。（比
　　　　　嘉の両肩に自分の左腕を回す）
王　　　（慌てて）マイクさん、比嘉先生は師範ですよ。そんなことしたら…。
比　嘉　　いいんだよ。今日は_____なんだから。
王　　　そうですか…。それじゃあ、比嘉先生も、まあ一杯。
　　　　　（酒を注ぐ）
比　嘉　　おーっとっとっと…。（王に酒を注いでもらう）
王　　　ああ、これが沖縄の音楽か。あれ、あの楽器、二胡に似てるなあ。
比　嘉　　あれは三線っていうんだ。みんなが踊っているのは沖縄の伝統舞踊。
　　　　　（王・マイク・大山に向かって）さあ、さあ、みんな一緒に。
大　山　　ええ！！俺は_____…。
喜屋武　　いいから、いいから。さ、_____。（王とマイクが大山の両腕を引っ張る）
　　（全員で三線に合わせて踊る）
マイク　　うーん、難しい！沖縄の音楽っていうと、知念奈美とか、SPEEDY、DA
　　　　　STEPみたいなJ-POPを_____けど…。
比　嘉　　東京ではそうだろうね。でもそれは最近のものだよ。うちなー文化って
　　　　　のは、土着の文化に、戦前は中国とやまと、戦後はアメリカの文化が
　　　　　_____できたんだよ。だから、普段はジーンズはいてJ-POP聴いてる若

者も、宴会ともなると、やっぱり、＿＿＿＿のかな。みんなでこれを踊るんだよ。

マイク ふーん、沖縄は＿＿＿＿なんですね。

比嘉 ああ。王君、なかなかすじがいいねえ。＿＿＿＿よ。

王 そうですか。ぼくのふるさとにも秧歌っていう踊りがあるから、東北人の＿＿＿＿のかな。

比嘉 いやあ、うまい、うまい！

（数時間が経つ）

王 あれ、大山さん、すっかり＿＿＿＿みたいだ。

小川 まったくもう、テーブルの下で寝ちゃってる。大山、おい、起きろ！こんなところで寝たら風邪引くぞ！

大山 うーん、もう飲めないよ…。（起きようとしてテーブルに頭をぶつける）

小川 こりゃだめだ。＿＿＿＿…。大山は酒はどうもだめだなあ。

王 あーあ、また寝ちゃった。もうちょっと＿＿＿＿か。喜屋武さんもまだ飲んでるし、マイクさんも踊ってるし…。無事に帰れるかなあ…。

（次の日。空港で）

小川 比嘉先生、いろいろとありがとうございました。今度は＿＿＿＿。

比嘉 次はまた＿＿＿＿もらいますからね。じゃ、また。お元気で。

王 喜屋武さん、＿＿＿＿。よかったら、また＿＿＿＿ください。

喜屋武 王さん、今度は＿＿＿＿から、＿＿＿＿くださいよ。あ、それから、おいしい泡盛持って行きますからね。

王 ぼくも中国のパイチュウ用意して待ってます。

喜屋武 きっとですからね。じゃ、皆さん、気をつけて。あんしぇー、またやーさい！

ユニット2　読解　異文化コミュニケーション

○「人間はどこに行っても＿＿＿＿人間、同じなんだから、わかり合える」。

○「わかり合う」ためには、お互い＿＿＿＿が必要である。

○「違ってあたり前」と考えていれば、異なる考え方や、常識、物事の進め方などに＿＿＿＿「ああ、そうか、違うんだ」と比較的＿＿＿＿「どうすればいいかな」と自分の＿＿＿＿について考えたり、また相手に自分の考えや、やりかたの違いについて説明することも可能になる。

○一度「同じだ」という_____相手をみてしまえば、自分のものの見方を相手に_____ことの間違いにまったく気づかないことになる。

○すなわち、「わがままだ」「非常識だ」「変な人だ」など、_____がすべてであり、相手からみた自分や、相手の視点について_____ことの必要性などを考えもしないということになってしまう。

○「何でこんなに自分のことを分かってくれないんだ」「なんて、無神経」など、相手の行動や言動を_____自分に気づいたら、_____考えてみよう。「人みな同じシンドローム」に_____いないかと。

○「人みな同じ」という_____の次に怖いのが、いわゆる「間違い探しゲーム」のように異文化の相手と_____場合、_____差異ばかり探そうとしたり、また一度大きな差異をみつけるとそれがすべてであるかのように相手が自分とは異なるという点ばかりに_____しまうことである。

○外見上の違いばかりに_____たり、相手の意見や価値観の異なる部分ばかりに_____しまうと、本当の相手がみえてこない_____、相手と自分との共通点にはまったく_____。

○異文化コミュニケーションが難しいのは、この「人みな同じ」という思い込みを排除しつつ「間違い探し」は_____という_____のようなことをしなければならないからだともいえる。

○この２つのバランスを_____ながら、相手と人間関係を_____さまは、まるでサーフィンに乗って_____をしているようなものだといった研究者もいる。

○実践をどんどん_____、ぜひ失敗から_____もらいたいものだ。

○言葉というものは、それ自体に意味があるものではなく、きわめて_____に音や記号を_____いるだけであり、そのうえ、人間がいろいろな意味を勝手に_____使っているからさらに複雑である。

○同じ言葉を使っていてもこのように微妙なニュアンスやイメージが異なるのであるから、母語が異なっている場合、さらに話が_____なる。

第14課　読書

単語帳

ブック・トーク　ブックリスト　アピールポイント　ヴァイオリン　サラダサーバー　ミーハー
村　姿　扉　絆　癖　伝記　古典　詩歌　長編　短編　随筆　論説　愛読書
漢詩　俳人　あらすじ　命題　学芸部　選書　選抜　記憶力　推理力　糸口
資質　寸前　現行　副作用　苦難　笑み　ホラー映画　日没　数々　臨死患者
老い　唯物史観　救い　真正面　ならわし　頚椎　冗談半分　住まい　満面
一隅　前世　皇后　家来　班　王
試み　配布　集計　横暴　激怒　身代わり　改心　直面　回転　連想　変身
建立　処刑　参観　興味深い　かけがえのない　何気ない　湿っぽい　尊い　やたら
しみじみ　曖昧　多様　不思議　謙虚　執拗　必ずしも　間近　誠実　不審
かくして
劣る　説く　這う　乞う　襲う　貫く　信じる　殺す　尊ぶ　親しむ　戦く　判る　捕まる
飾る　すませる　息づく　適する　和らげる　乗り込む　裏切る　振り絞る　駆け込む
抱き合う　向き合う　張り出す　振り返る　見守る　差し入れる　捕まえる/捉まえる
-じみる　-めく
芥川龍之介　蜜柑　川端康成　伊豆の踊り子　夏目漱石　吾輩は猫である
宮沢賢治　注文の多い料理店　太宰治　走れメロス　朝日新聞　敦煌　楊貴妃
万葉　古今

文法リスト

必ずしも～ない＜未必＞
[N]じみる＜性质＞
[N]にして＜强调＞
[N]めく＜要素＞

Ⅰ. 文字・词汇・语法

1. 次の下線部の漢字の読み方をひらがなで書きなさい。

   (1) 天皇<u>皇后</u>両陛下は、英国をご訪問中です。
   (2) 感動が心の<u>扉</u>を開く。
   (3) 大学図書館には、中国史に関わる貴重な<u>書物</u>が多く所蔵されています。
   (4) 今度の体験を生かして、幸せの<u>糸口</u>を見つけましょう。
   (5) 生き物の飼育を通して、命の<u>尊さ</u>を感じてもらおうと思います。
   (6) 800メートルのレースは、1位から4位までアメリカの選手が<u>独占</u>した。
   (7) 修士論文の提出期限が<u>間近</u>に迫ってきた。
   (8) 自分を全部さらけ出して、<u>真正面</u>からぶつかっていきたい。
   (9) あなたにとってこの恋は<u>貫く</u>べきものでしょうか。
   (10) 10年前と比べて体力は<u>劣って</u>いる。

(1)	(2)	(3)	(4)	(5)
(6)	(7)	(8)	(9)	(10)

2. 次の下線部のひらがなを漢字に直しなさい。

   (1) 娘の授業<u>さんかん</u>に行ってきました。
   (2) 集中し、目的を絞ることで勉強の<u>こうりつ</u>があがる。
   (3) 会社が倒産<u>すんぜん</u>に追い込まれた。
   (4) 彼女は<u>すいり</u>小説が好きだ。
   (5) <u>ずいひつ</u>を書く楽しさをぜひ自分で味わってください。
   (6) 上に立てば立つほど<u>けんきょ</u>な態度が必要である。
   (7) これはなかなか<u>きょうみ</u>深い話題ですね。
   (8) 成功に必要な<u>ししつ</u>は何か、この本を読めばすぐ分かります。
   (9) 強い眠気に<u>おそわれて</u>仕事ができない。
   (10) 信じる人に<u>うらぎられる</u>のは、とても悲しいことだ。

(1)	(2)	(3)	(4)	(5)
(6)	(7)	(8)	(9)	(10)

3．次の_____に入れるのに最もよいものを、a～dから一つ選びなさい。

(1) 母は最近韓流にはまって、その_____ぶりは半端じゃない。
　　a．ミーハー　　b．ミラー　　c．ミーティング　d．ピラミッド

(2) これからは_____たばこを吸ってはいけませんよ。
　　a．必ず　　　b．絶対　　　c．きっと　　　d．ぜひ

(3) 「ほめ殺し」という言葉があるように、大したことでもないのに_____ほめるのは問題です。
　　a．ばかり　　b．無駄に　　c．勝手に　　d．やたらに

(4) 夜遅くまで作業していたら、近所の人がおにぎりと飲み物を_____くれた。
　　a．差し引いて　b．差し上げて　c．差し出して　d．差し入れて

(5) 子どもたちの登下校の時間帯に_____な人や車を見かけたら、すぐに警察へ連絡してください。
　　a．不審　　　b．不思議　　c．不信　　　d．不気味

(6) 日本人は一般的に_____、自分の権利を主張することが少ないと言われている。
　　a．興味深く　b．情け深く　c．遠慮深く　d．意味深く

(7) この50年の間に賜った_____のご好意、ご支援に心から感謝いたします。
　　a．次々　　　b．色々　　　c．様々　　　d．数々

(8) 久々の地元の「手打ちうどん」！_____シコシコして美味しかった。
　　a．なるほど　b．やっぱり　c．まさか　　d．いったい

(9) 中小企業は様々な経営上の問題点に_____している。
　　a．直面　　　b．変身　　　c．連想　　　d．回転

(10) 入社後1ヶ月研修を受け、2カ月目からは営業として一人立ちし、4年後には最年少で最高ランクに昇格。_____翌年私は独立を決意し、社長になった。
　　a．従って　　b．即して　　c．かくして　　d．まして

4．次の_____に入れるのに最もよいものを、a～dから一つ選びなさい。

(1) そのピアニストは、16歳_____世界のひのき舞台に立っている。
　　a．をもって　b．をして　　c．にして　　d．にとって

(2) 中学のとき、大好きな漫画のキャラクターが死んで、私は_____死からなかなか立ち直れなかった。
　　a．この　　　b．その　　　c．あの　　　d．どの

(3) この間、ご紹介いただいた＿＿＿＿本は、ほんとうにおもしろかったです。
   a．どの　　　b．あの　　　c．その　　　d．そんな
(4) 医者は必ずしも自分の健康に気をつけている＿＿＿＿。
   a．はずがない　　　　　　b．てはおかない
   c．といえなくもない　　　d．とは限らない
(5) 私は人との付き合いが苦手なので、あまり人＿＿＿＿仕事に就きたい。
   a．に問わず　　b．にかまわず　　c．に関わらない　　d．にも関わらない
(6) 生まれた＿＿＿＿の赤ちゃんの健やかな成長を願わない親はいない。
   a．からこそ　　b．まま　　c．ところ　　d．ばかり
(7) 広告は面白い＿＿＿＿足りない。
   a．だけでは　　b．だけでも　　c．だけには　　d．だけさえ
(8) この作品には、ところどころに皮肉＿＿＿＿ユーモアがある。
   a．みたい　　b．らしい　　c．めいた　　d．ような
(9) くどくどと説教＿＿＿＿話では、思春期の子供の心には届かないだろう。
   a．じみた　　b．らしい　　c．むき　　d．だらけ
(10) 心理テストに対して真面目に考えている人もいるようだが、＿＿＿＿の人も多いようだ。
   a．遊び半面　　b．遊び半分　　c．遊び半々　　d．遊び半端

5. 次の言葉の使い方として最もよいものを、a～dから一つ選びなさい。

   (1) ためらう
      a．何回も失敗した。それによる将来への不安が彼に<u>ためらって</u>いた。
      b．目標もなく日々を<u>ためらう</u>ことは時間の無駄だ。
      c．患者さんが夜になって突然<u>ためらって</u>、話ができなくなった。
      d．注文を<u>ためらって</u>いたら、欲しかった商品が売り切れてしまった。

   (2) つかまる
      a．電車に乗っている時、つり革に<u>つかまって</u>iPadを使うのは難しい。
      b．彼は飲酒運転で警官に<u>つかまられた</u>。
      c．聞き手やお客さんの心を<u>つかまる</u>話し方のテクニックを知ってますか。
      d．警察に<u>つかまった</u>落とし物や忘れ物の情報をインターネットで公表します。

(3) 済む
　　a．先週は第345ページまで済んでいる。
　　b．見ているだけで心が済むような、宇宙を題材とした3D画像作品が気に入った。
　　c．賠償金が1万円で済んでよかった。
　　d．この料理の失敗しないポイントは、事前に味付けを全部済むことです。

(4) 見つける
　　a．少女は目を丸くして、そのタワーを驚嘆して見つけていた。
　　b．この上着に合うものネクタイを見つけてくれませんかと、店員に頼んだ。
　　c．休日、ちょっと街に出かけると、最近着物姿の人をよく見つける。
　　d．彼らに見つけないように木の陰に隠れた。

6．次の____に入る最もよいものを、____から選び、適当な形に直しなさい。

| 入れる　果てる　続ける　合う　込む　あげる　っぽい　じみる |

(1) この塩は、100%海洋深層水から作り____、こだわりのものだ。
(2) 死は避けられない現実である。私たちはこの「死」とどう向き____生きたらいいのだろうか。
(3) 父親は、溺れる子供たちを助けるために、危険を顧みずに川へ飛び____。
(4) 困り____あげく、新聞記者に助けを求めた。
(5) 仕事が好きで結婚後も働き____いる。
(6) イヤなことがあった時でも、まずは現実を受け____ことが大切だと思う。
(7) 高校生だから、そんな子ども____いたずらをするんじゃない。

7．次の____に入る最もよいものを、____から選びなさい。

| a．に対して　b．によって　c．にとって　d．にして　e．にしても |

(1) ボーナスは会社____それぞれ違います。
(2) アンケートの結果、アルバイトをしたいと答えた人は65%だった。これ____、したくないと答えた人は30%だった。
(3) 会社をやめる____、そのタイミングを考える必要がある。
(4) 25歳____やっと彼氏ができました。
(5) 世界中で環境汚染が進んでいる。これは世界中すべての生物____重大な問題だ。

8．次の文の＿＿★＿＿に入る最もよいものをa～dから一つ選なさい。

(1) 親の立場からすれば、学校が週休2日になるのは＿＿＿ ＿★＿ ＿＿＿ ＿＿＿。
   a．ではない　　b．必ずしも　　c．ありがたい　　d．こと

(2) ハワイ旅行に惹かれて＿＿＿ ＿＿＿、＿＿＿ ＿★＿、グランプリをとった。
   a．したら　　b．で　　c．冗談半分　　d．応募

(3) 若い世代が家庭を持ち、＿＿＿ ＿★＿ ＿＿＿を早急に打ち出さなければ、日本の将来は危うい。
   a．に　　b．踏み切れる　　c．施策　　d．出産

(4) 欧州の銀行システム問題を＿＿＿ ＿＿＿ ＿★＿投資家が、世界的に株式を売る動きを強めた。
   a．あった　　b．リスク資産を　　c．手放しつつ　　d．懸念して

(5) 少子化問題を解決するには、＿★＿ ＿＿＿ ＿＿＿ ＿＿＿を和らげることに、もっと目を向けるべきだ。
   a．将来への　　b．若い世代に　　c．不安　　d．広がる

(6) 政府が＿＿＿ ＿★＿ ＿＿＿ ＿＿＿、生まれた子供に力点が置かれている。
   a．支援策は　　　　　　b．子育て
   c．重要政策として　　　d．掲げる

9．次の中国語を日本語に訳しなさい。

(1) 下周我还来，在这之前请你考虑一下这个问题。

(2) 邻居家的孩子2岁就已经会简单的计算了。

(3) 如果是自愿的话，选择孤独生活不与任何人见面也不一定就是不幸的。

(4) 这条法律与人种宗教肤色无关，适用于所有人。

(5) 社长略带讽刺的语气让职员感到不快。

(6) 当初只是半开玩笑说的，但是在大家的强烈期待下最终还是完成了这项工作。

1. 録音を聴いて、a～dの中から正しい答えを一つ選びなさい。

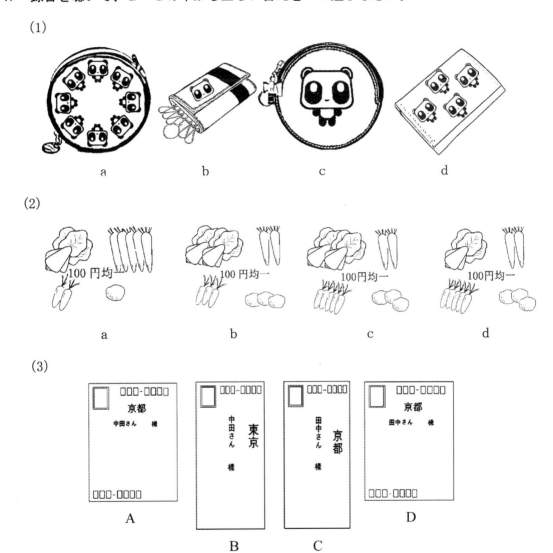

(4)

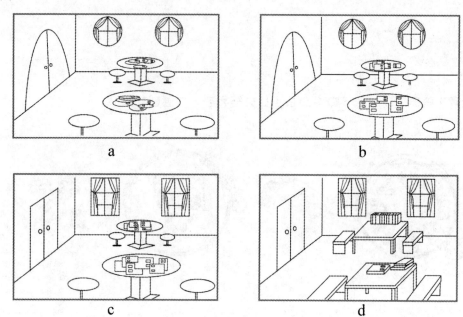

2．録音を聴いて、内容と合っていれば○、合っていなければ×を（　）に書きなさい。

（　）a．恵美のふるさとは日本の東側に位置する。
（　）b．周君のふるさとは中国の北側に位置する。
（　）c．恵美は先週日本に電話をした。
（　）d．黒竜江省は今桜が満開である。

Ⅲ．閲読

次の文章を読んで、後の問いに答えなさい。

　　ニュースは「現実」を伝えるもの……。長い間、私はそう信じてきた。テレビのニュースに映し出される映像や、ラジオから流れてくる情報、新聞・雑誌に書かれてある記事が、そのまま世の中の動きを映し出したものだと思ってきた。自分の身の回りで起こっていることよりも、メディアを通して知らされることの方が、世の中の普遍的な例であり、それを知れば、社会のことがよくわかると思っていた。
　　あまり親しくない人との会話で詰まったような時でも、何かしら社会に流れているニュースのことを話せば、その場を取り持つことができる。それらが皆に共有されている本当の情報だと信じ

きっていた。

　ところが、自分で記事を書くようになると、それはとんでもない間違いだということに気づいた。こんなことを言うと無責任極まりないと思われるかもしれないが、取材先をどこにするか、コメントのどの部分をどう使うかを変えるだけでも、「現実」を変えることは簡単にできる。段落の順番を変えるだけでも、記事のトーンが激変することも少なくない。締め切りやスペースの制約から、取材しても書けないことの方がはるかに多い。もしも記事の余白に、「これはあくまで、限られた時間と紙面のなかで書いたものであって、ここで取り上げているのは、世の中の無数にある見方のほんのひとつでしかありません。」などと書くことができたら、どんなに気が楽になるだろうか……。読者の皆様から、「あなたの記事を読んで、○○のことがとてもよくわかりました。」などという感謝のお手紙をいただいたりすると、正直言って嬉しいよりも（　イ　）ドキリとしてしまうのだ。

質問

(1) それはなにを指していますか。指していることを書きなさい。

(2) 次のa～dから、（　イ　）に入れるのに適当なものを選びなさい。
　　a．ほんの　　　b．むしろ　　　c．はるかに　　　d．ただ

(3) 次の①～④で、文章の内容と合っていれば○、合っていなければ×を（　　）に書きなさい。
　　（　　）①記者の書き方ひとつでたやすく情報を操作できる。
　　（　　）②メディアを通じて流れる情報は世の中の典型的な例ばかりではない。
　　（　　）③段落の順番を変えるだけで、記事のトーンを激変させることはできない。
　　（　　）④取材したことは大体記事として載せる事ができる。

最後に会話文と読解文を読み直して、_____を埋めなさい。

ユニット1　会話　ブック・トーク
（王は学校訪問として中学校の国語の授業を参観し、そのあとの話し合いに参加する）

担任　皆さん、中国の長春市から_____、王宇翔さんです。

全員　こんにちは。

王　　はじめまして。東西大学３年の王宇翔です。今日は皆さんとお話できるのを_____まいりました。よろしくお願いします。

担任　じゃあ、これから生徒たちが質問をしますので、_____いただけますか。

王　　　はい。
担任　　はい、＿＿＿＿＿＿＿人！
水木　　はい！
担任　　はい、じゃあ、水木君！
水木　　王さんのお名前は＿＿＿＿＿＿＿字を書くんですか。
王　　　はい…（黒板に書く）中国語ではwáng yǔ xiángと読みます。
鈴木　　へー。中国語って、発音、難しいね。
山田　　あの、日本に留学したいと思った＿＿＿＿＿＿＿は何ですか。
王　　　そうですね、＿＿＿＿＿＿＿日本の文化が好きだったんですが、＿＿＿＿＿＿＿若者の
　　　　ポップカルチャーが、どのように作られるのかを＿＿＿＿＿＿＿んです。
山田　　王さんは例えばどんな歌手が好きなんですか。
王　　　うーん…ユミとか…、ピースやハロー・ガールズもいいですよね。
鈴木　　わあ、＿＿＿＿＿＿＿…。
森山　　あの、ちょっとお聞きしてもいいですか。わたしたち、国語の時間に「故
　　　　郷」を読んだんです。
王　　　「故郷」ですか。魯迅＿＿＿＿＿＿＿書ける作品だと思います。日本でも＿＿＿＿＿＿＿
　　　　いるんですね。魯迅は今でも中国人に＿＿＿＿＿＿＿いるんですよ。「故郷」は
　　　　大好きですが、皆さんはどんな＿＿＿＿＿＿＿か。
森山　　初めは子ども時代の話で楽しかったけど、難しいなと思いました。
王　　　そうですか。＿＿＿＿＿＿＿な場面はありましたか。
森山　　主人公がルントーと遊ぶところです。
王　　　ああ、＿＿＿＿＿＿＿場面ですか。
水木　　王さんが読んで＿＿＿＿＿＿＿日本の小説は、どんな作品ですか。
王　　　そうですね…まず＿＿＿＿＿＿＿の「吾輩は猫である」ですね。それから＿＿＿＿＿＿＿
　　　　の「蜜柑」、＿＿＿＿＿＿＿の「伊豆の踊り子」もよかったです。皆さんは今ま
　　　　でにどんな小説を読みましたか。
鈴木　　＿＿＿＿＿＿＿の「注文の多い料理店」や＿＿＿＿＿＿＿の「走れメロス」です。
王　　　その「走れメロス」ってどんな小説ですか。
水木　　この間ブック・トークで4班が紹介してたね。
担任　　じゃあ、4班の人、王さんに説明してくれますか。
小山　　はい。えーと、まず登場人物は主人公のメロス、その親友のセリヌンティ
　　　　ウス、それからシラクスの王です。妹の結婚式の準備でシラクスの町に来

たメロスは、町が_____さびしいので、_____に思い、1人のおじいさんを_____話を聞きました。そのおじいさんの話によると、シラスクの王は「人を信じることができない」と言って、自分の子どもや妹、皇后そして自分の家来と、大勢の人を次々に殺しているのでした。

中山　王の_____を聞いたメロスは激怒し、王を殺そうと城に_____が、逆に捕まり、処刑されることになってしまいます。結婚式が_____の妹のことを思ったメロスは、3日後の日没までに戻るから、村での結婚式に_____と王に頼みます。そして_____に親友のセリヌンティウスを置いて、メロスは村へ_____。

大山　妹の結婚式をすませたメロスは、セリヌンティスの待つ城へと急ぎますが、_____がメロスに襲ってきます。_____メロスは一度は、親友を_____ことも考えました。しかし、友情を_____ために、最後の力を_____城に向かって走り続けました。

森山　日没寸前に城に_____メロスは、セリヌンティウスと抱き合い、友情を_____。この2人の友情を_____姿を見て、王は信じることの尊さを知り、改心した、という話です。

王　なるほど…。どうもありがとう。_____小説ですね。

小山　王さんがメロスだったら、どうしますか。

王　うーん、そうですね、やっぱり戻るでしょうね。

中山　王さんは親友がいるんですね。

大山　女の人ですか。

王　えっ。

ユニット2　読解　愛読書

○科学者になるには、_____なければならない。これはだれでも考え、_____科学者としての命題であろう。これに対し、寅彦は「_____」と論じている。

○頭の悪い人は、よい人が考えて初めから_____と決まっているような_____を一生懸命やる。駄目と分かるころには、たいてい何か_____ものの糸口を_____いる。

○_____が速く、理解力、記憶力、推理力の_____者が、頭がよいといわれるのだろう。このような能力のすべて優れている者が_____科学者とし

○て＿＿＿＿いるとはいえないようだ。
○頭のよい者は最初から研究のような＿＿＿＿仕事にはかかわらないことが多い。
○ある資質が＿＿＿＿いても、自然の＿＿＿＿に感動し、自然に＿＿＿＿を乞う謙虚さを持ち、＿＿＿＿な努力をする者に自然は＿＿＿＿だろう。
○私の「こころ」を造ったのは、漱石であると私は＿＿＿＿に言う。
○小学生の時から判っても判らなくても、ただただ＿＿＿＿きた。
○＿＿＿＿男たちのこころとして夏目漱石が描いたものを、自身の「こころ」の中に見つけ、＿＿＿＿ということが、漱石を読むことと同じになった。
○＿＿＿＿私にとって女とは、美禰子であり、直であり、お米であり、三千代であり、お延であることになった。
○＿＿＿＿生きようとする＿＿＿＿だけでは、人間は＿＿＿＿生きられない。
○私は自分の「こころ」に＿＿＿＿をおけない。先生のように、いつ友を＿＿＿＿ことになるか、＿＿＿＿生きてきたのである。
○3年前頚椎の病気の検査で10日ほど入院していた時、＿＿＿＿と、友人が出版されたばかりの本を＿＿＿＿くれた。「サラダ記念日」である。
○「万葉」や「古今」にも＿＿＿＿育った。外国で日本の家庭に＿＿＿＿と、＿＿＿＿に和歌＿＿＿＿ものを残してきたりする。だが、近代、現代の和歌はやたらに＿＿＿＿、＿＿＿＿いるので、好きになれなかった。
○検査のための注射の副作用を、俵万智さんの才能が＿＿＿＿くれた。
○「七月六日」に＿＿＿＿よう、サラダサーバーを著者にプレゼントした。
○こんな＿＿＿＿ことをしたのは初めてである。いつもは好きになった本を何冊も買って、友人達に配る＿＿＿＿があるが、なぜかこの本だけは＿＿＿＿したかった。
○しかし＿＿＿＿いたことがおこり、「サラダ記念日」は超ベストセラーになって＿＿＿＿。

実力テスト2

1. 次の下線部の漢字の読み方をひらがなで書きなさい。

   (1) 謙遜こそ美徳といわれている。
   (2) 新郎新婦は結婚披露宴で素敵なダンスを踊った。
   (3) 囲碁の発祥地は中国である。
   (4) 美容整形をした後、周りの人の反応はどうでしたか。
   (5) 仕事が順調なときには、一般に人は他人に意地悪をしない。
   (6) 人間が生まれながらにして平等なことなどありはしない。
   (7) それを聞いて苦笑いした。
   (8) 病気で辛い思いをした。
   (9) フランスでは祭日が日曜日と重なっても月曜日は振替休日にならない。
   (10) 社会の中で生きる力を育む授業を目指している。

(1)	(2)	(3)	(4)	(5)
(6)	(7)	(8)	(9)	(10)

2. 次の下線部のひらがなを漢字に直しなさい。

   (1) 全国大会で優勝するなんてきせきだ。
   (2) 試験の出題はんいについて調べてみた。
   (3) 時計の時間がせいかくでないと気がすまない。
   (4) 弟は毎日剣道のけいこをしている。
   (5) 私たち女子りくじょう競技部は、現在9名で活動しています。
   (6) 日本語のとくちょうについてレポートを書いた。
   (7) 友だちにピアノのばんそうをお願いした。
   (8) 縦糸と横糸で布をおる。
   (9) 毎日公園で練習したので、真っ黒に日にやけてしまった。
   (10) 寒気の影響で、今冬一番の厳しいひえこみとなった。

(1)	(2)	(3)	(4)	(5)
(6)	(7)	(8)	(9)	(10)

3．次の説明に合っているものを、a～dから一つ選びなさい。

（1）物事の進度、速さ。楽曲の速度。
　　a．テンポ　　　b．トライ　　　c．センス　　　d．スポット

（2）人目を引くためにする行為。
　　a．アシスタント　　　　　　b．リフレッシュ
　　c．パフォーマンス　　　　　d．インストラクター

（3）自分の金で人にごちそうすること。
　　a．つかる　　　b．おごる　　　c．たくわえる　　　d．のぞむ

（4）態度などが徹底せず、どっちつかずの状態であること。
　　a．晴耕雨読　　b．忘我混沌　　c．確乎不抜　　d．中途半端

（5）言葉の受け答えをすること。
　　a．やりとり　　b．出入り　　　c．うけつけ　　d．とりつけ

4．次の＿＿＿に入れるのに最もよいものを、a～dから一つ選びなさい。

（1）日本では茶柱が立つと＿＿＿がいいと考えられている。
　　a．縁家　　　　b．縁組　　　　c．縁起　　　　d．縁側

（2）来月開かれる日本語スピーチコンテストの準備の＿＿＿をした。
　　a．受け付け　　b．打ち合わせ　c．やり取り　　d．取り消し

（3）自動販売機の中はどんな＿＿＿になっているのだろうか。
　　a．てさぐり　　b．しくみ　　　c．かしきり　　d．つきあい

（4）君が理不尽なことをやめないのなら、こっちにも＿＿＿がある。
　　a．覚悟　　　　b．思想　　　　c．把握　　　　d．意図

（5）パンを焼くには火＿＿＿が大事だ。
　　a．調子　　　　b．具合　　　　c．都合　　　　d．加減

（6）二胡の先生に＿＿＿がいいと褒められ、練習にも熱が入っています。
　　a．ひじ　　　　b．すじ　　　　c．ひざ　　　　d．うで

（7）祖父は大学者だが、日常生活のこととなると＿＿＿いる。
　　a．ぬけて　　　b．むけて　　　c．あけて　　　d．つけて

（8）絵には作者の願いや思いが＿＿＿いる。
　　a．せまって　　b．たまって　　c．つまって　　d．うまって

（9）彼は声優界では＿＿＿存在だ。
　　a．打ち込んだ　b．際だった　　c．やぶれた　　d．まとめた

(10) オリンピックの開催を_____、ホテルの建設ラッシュが始まった。
　　　a．望んで　　　b．待ちうけて　　c．押さえて　　d．控えて

(11) _____命だからこそ、毎日を大切に生きなくてはならない。
　　　a．はかない　　b．まぶしい　　　c．はげしい　　d．みぐるしい

(12) _____誕生日ぐらいは祝ってほしかった。
　　　a．せめて　　　b．どうやら　　　c．なんだか　　d．なんとも

(13) _____の雨で開会式は中止になった。
　　　a．ひょっとして　b．いかにも　　c．あいにく　　d．もっぱら

(14) きょうのところは、_____これで我慢しましょう。
　　　a．とりあげ　　b．とりかえし　　c．とりわけ　　d．とりあえず

(15) 今度遊びに行こうと誘ったら、_____断られた。
　　　a．あっさり　　b．ばったり　　　c．さっぱり　　d．すっぽり

5．次のa～gの説明に当たるものを（1）～（7）から選びなさい。

(1) 一般に、芸事やスポーツなどで、素質があること。　　（　）
(2) 恥や外聞、他人の気持ちなどを気にしないこと。　　　（　）
(3) 相手や状態に応じて、扱いの厳しさの度合いをゆるめること。　（　）
(4) 普通の人にはできない、難しい芸当や振る舞い。　　　（　）
(5) 毎日のありふれた事柄。　　（　）
(6) 少しだけ間をとること。　　（　）
(7) 身分・地位を無視して、行う宴会。　　（　）

> a．日常茶飯事　　b．無礼講　　c．すじがいい　　d．無神経
> e．一呼吸をおく　f．離れ業　　g．手加減

6．次の_____に入れるのに最もよいものを、a～dから一つ選びなさい。

(1) 直接君にかかわることではないのだから、そんなに_____。
　　　a．悩むことはある　　　　　b．悩むことはない
　　　c．悩むものがある　　　　　d．悩むものがない

(2) 人間は社会的動物だから、だれも群れずには_____でしょう。
　　　a．生きる　　b．生きない　　c．生きられる　　d．生きられない

(3) この遊園地は入園料2500円で、園内の乗り物が乗り_____です。

　　　　a．次第　　　　b．放題　　　　c．まみれ　　　d．だらけ
(4) 農薬は農の薬_____、使いすぎれば農の毒にもなる。
　　　　a．というより　b．むしろ　　　c．かえって　　d．とはいうものの
(5) 最近は忙しく、海外旅行を_____。
　　　　a．しないわけがない　　　　　　b．するどころではない
　　　　c．しないものでもない　　　　　d．するものではない
(6) この家は古すぎて、売ろうにも_____。
　　　　a．売る　　　　b．売れる　　　c．売らない　　d．売れない
(7) 社会が高度に専門化する_____、知的労働力の需要が増大した。
　　　　a．にしたがって　　　　　　　　b．にさきだって
　　　　c．にかんして　　　　　　　　　d．にくらべて
(8) このレストランは安い_____、会計は1万5千円だった！
　　　　a．にもかかわらず　　　　　　　b．と思いきや
　　　　c．わりには　　　　　　　　　　d．にしては
(9) 日本の一世帯_____の二酸化炭素の排出量を調査した。
　　　　a．当り　　　　b．延べ　　　　c．近く　　　　d．越え
(10) この嵐の中では一人じゃとても_____。
　　　　a．歩く　　　　b．歩いた　　　c．歩かなかった　d．歩けない
(11) これからの人生は自分に正直に生きたい_____だ。
　　　　a．もの　　　　b．こと　　　　c．わけ　　　　d．こそ
(12) 大学時代よく3人でCDを聴きながら、いろいろ他愛も無い話などをした_____だ。
　　　　a．もの　　　　b．こと　　　　c．わけ　　　　d．はず
(13) 人間は変わる_____だ。
　　　　a．もの　　　　b．こと　　　　c．ところ　　　d．まで
(14) 勝てる_____なら勝ちたいと思うのは人の常です。
　　　　a．もの　　　　b．まで　　　　c．わけ　　　　d．はず
(15) あんなやつに負ける_____か。
　　　　a．もの　　　　b．こと　　　　c．わけ　　　　d．だけ

7．次の文の__★__に入る最もよいものをa～dから一つ選なさい。

(1) 相手の_____　__★__　_____　_____着目してはいけない。
　　　　a．価値観の　　b．部分　　　　c．ばかりに　　d．異なる
(2) _____　_____　_____　_____、ふと一呼吸おいて冷静に考えてみよう。

　　　　a．気づいたら　b．相手の言動を　c．責めている　d．自分に
(3) 自分のものの見方を相手に___★___ ___ ___に気づいた。
　　　　a．間違い　　　b．こと　　　　c．の　　　　　d．あてはめる
(4) 誠実に___ ___ ___ ★___、誠実には生きられない。
　　　　a．という　　　b．生きよう　　c．だけでは　　d．気持ち
(5) 検査をするための注射の___、___ ★___ ___和らげてくれた。
　　　　a．痛みを　　　b．彼の　　　　c．そばにいた　d．笑顔が
(6) 仮に資質が劣っていた___ ___ ___ ★___者には道が開けるだろう。
　　　　a．重ねる　　　b．努力を　　　c．地道な　　　d．としても
(7) ___ ___ ___ ★___者が必ずしも科学者として適しているとはいえないようだ。
　　　　a．能力　　　　b．このような　c．優れている　d．の
(8) 噂を聞いたメロスは___、___ ___ ★___乗り込みます。
　　　　a．王を　　　　b．城に　　　　c．激怒し　　　d．殺そうと
(9) 携帯の電源が切れてしまったので、___ ___ ___ ★___だった。
　　　　a．できない　　　　　　　　　b．連絡しようにも
　　　　c．状態　　　　　　　　　　　d．すぐに
(10) 北京では、10月に入って、木々を___ ___ ___ ★___きた。
　　　　a．風も　　　　b．渡る　　　　c．秋めいて　　d．だいぶ

日本語能力試験形容詞Ⅰリスト

青い	甘い	美しい	おとなしい
青白い	荒い	うまい	おめでたい
赤い	危うい	羨ましい	重い
明るい	怪しい	うるさい	思いがけない
浅い	有難い	うれしい	おもしろい
暖かい	あわただしい	えらい	重たい
新しい	いい	おいしい	賢い
暑い	いけない	おかしい	堅い・固い・硬い
熱い	勇ましい	幼い	悲しい
厚い	忙しい	惜しい	かゆい
厚かましい	痛い	遅い	辛い
危ない	薄暗い	恐ろしい	かわいい

かわいらしい	しつこい	辛い	貧しい
黄色い	白い	遠い	まぶしい
汚い	ずうずうしい	とんでもない	丸い
きつい	少ない	長い	短い
厳しい	すごい	懐かしい	みっともない
清い	涼しい	苦い	みにくい
臭い	酸っぱい	憎い	蒸し暑いい
くだらない	素晴らしい	憎らしい	難しい
くどい	すまない	鈍い	珍しい
悔しい	ずるい	温い	めでたい
暗い	するどい	眠い	面倒くさい
苦しい	狭い	のろい	申し訳ない
黒い	そうぞうしい	ばかばかしい	もったいない
詳しい	そそっかしい	激しい	ものすごい
煙い	高い	恥ずかしい	やかましい
険しい	正しい	甚だしい	やさしい
濃い	楽しい	早い・速い	易しい
恋しい	たのもしい	低い	安い
細かい	たまらない	ひどい	やむをえない
怖い	だらしない	等しい	柔らかい・軟らかい
寂しい	小さい	広い	緩い
寒い	近い	深い	若い
騒がしい	違いない	太い	若々しい
塩辛い	力強い	古い	悪い
四角い	つまらない	ほしい	
しかたがない	冷たい	細い	
親しい	強い	まずい	

第15課　さまざまな学び

単語帳

シート　オーナー　ヘルシー　コンセプト　マーカー　ギャップ　サポート　リフレッシュ　ジョギング　ウォーキング　トレーニング　シューズ　ウェア　ドーピング　フェアプレー　インフルエンザ　カシミア　オーケー　スケジュール帳

意義　能力　限界　視点　恩恵　同時　科学　障害　唯一　短所　真理　急用　部活　印鑑　名所　花粉　春一番　砂漠化　卵焼き　苦笑い　年号　うぐいす　語呂合わせ　語源　心身　大脳　頂点　生きがい　成人病　半世紀　知見　なし　競技者　競技力　心技体　打具　用具　自動　速報　火星　運河　銀貨　ヤギ　競技会　最先端　遺伝子　悪魔性　機械文明　我ら　現代人　身体運動　世界選手権　見知らぬ　しゃぼん玉　過放牧　花見　赴任　気晴らし　競技　進展　展開　出納　蓄積　国威発揚　集積　測定　活用　懸念　要求　満開　飽食　先行　改装　理解不足　〜当たり　花より団子

はかない　縁起でもない　かすか　すっぽり　完璧　あいにく　ひょっとして　どっぷりと　絶好　幸福　高度　無縁

見回す　散る　鳴く　慣らす　曝す　埋める　蓄える　遮る　解き放つ　運び去る　役立つ　位置付ける　くくる　浸かる　結びつく　食いつくす　乗り込む

ソ連　東独　東欧圏　西欧諸国　聖書

文法リスト

[N]こそあれ＜転折＞
〜ことから＜原因・根据＞
[N／Vる]どころではない＜无法进行＞
[N]なしには[V]ない＜否定性条件＞
[N／Vる]にとどまらず＜非限定＞

Ⅰ. 文字・词汇・语法

1. 次の下線部の漢字の読み方をひらがなで書きなさい。

   (1) 遺伝子で病気を調べるという方法があります。
   (2) 洛陽は名所旧跡が多いところです。
   (3) 今、唯一の願いは、平和な生活を送ることです。
   (4) 地震で電力不足が懸念されている。
   (5) 日本では茶柱が立つと縁起がいいと考えられています。
   (6) 内臓脂肪は、運動不足などによってあっという間に蓄積されます。
   (7) 子供の頃、いろいろなことに夢中になっていた。
   (8) すべての選手が監督の要求に応えてくれた。
   (9) キャンプファイアを囲んで遅くまで歌を歌っていた。
   (10) 今度の講習会は、実力を蓄えるよい機会です。

(1)	(2)	(3)	(4)	(5)
(6)	(7)	(8)	(9)	(10)

2. 次の下線部のひらがなを漢字に直しなさい。

   (1) しんしんともに健康な生活を送ることが私たちの目的です。
   (2) 運動会ではいろいろなきょうぎが行われる。
   (3) ほうしょくの時代の食生活では、何に注意したらいいか。
   (4) しょうがいを乗り越える強い気持ちを持ちたい。
   (5) 減税措置により、たくさんの納税者がおんけいを受けることになる。
   (6) 人間の能力にはげんかいがある。
   (7) この曲を聴くと、心の緊張をときはなつことができるそうだ。
   (8) 環境問題をめぐって活発な議論がてんかいされた。
   (9) デートは相手を見極めるぜっこうのチャンスだ。
   (10) 廃棄物をいかにかつようするかはとても重要である。

(1)	(2)	(3)	(4)	(5)
(6)	(7)	(8)	(9)	(10)

第15課　さまざまな学び

3．次の_____に入れるのに最もよいものを、a～dから一つ選びなさい。

(1) 理想と現実の_____を埋めることは大変なエネルギーを要する。
　　a．シート　　　b．ゲーム　　　c．ギャップ　　d．サポート

(2) 発音の_____をするなら、この教材をお勧めします。
　　a．ジョギング　b．ハイキング　c．ウォーキング　d．トレーニング

(3) この法案に_____を抱いている専門家が多い。
　　a．懸念　　　　b．観念　　　　c．雑念　　　　d．概念

(4) 疲れたので_____に、車で紅葉狩りに出かけてみた。
　　a．気遣い　　　b．気づき　　　c．気晴らし　　d．気に入り

(5) 彼は授業に出ないで、毎日ネットゲームの世界に_____つかっている。
　　a．ざっと　　　b．どっぷりと　c．さっさと　　d．ずらりと

(6) この新しい検索ツールは、消費者のプライバシーを危険に_____可能性が高い。
　　a．ちらす　　　b．ならす　　　c．もたらす　　d．さらす

(7) 上司とうまく話ができず、自分がチームの中で_____いない気もしています。
　　a．くくって　　b．絶えて　　　c．そろえて　　d．役立って

(8) よい香りは脳に_____リラックスを促します。
　　a．問掛けて　　b．呼びかけて　c．働きかけて　d．追いかけて

(9) 11月の例会には、初めての方が２名_____。
　　a．伸びた　　　b．加わった　　c．引き込んだ　d．振り向いた

(10) 眠るために睡眠薬やアルコールに_____いる人がいる。
　　a．たよって　　b．たずねて　　c．もとめて　　d．のんで

4．次の_____の言葉に意味が最も近いものを、a～dから一つ選びなさい。

(1) 息子のことを考えると<u>頭が痛い</u>。
　　a．あきる　　　b．惑う　　　　c．悩む　　　　d．迷う

(2) 後片付けは後輩たちに<u>任せて</u>、一足先に学校を出た。
　　a．譲って　　　b．振って　　　c．預けて　　　d．頼んで

(3) １位が無理なら、<u>少なくとも</u>２位に入りたい。
　　a．さて　　　　b．せめて　　　c．けっして　　d．かえって

(4) 大学時代はいつも試験直前になってから<u>慌てて</u>勉強していた。
　　a．焦って　　　b．急いで　　　c．悩んで　　　d．追いかけて

5．次の言葉の使い方として最もよいものを、a～dから一つ選びなさい。

(1) まさか
  a．被害者は病院に運ばれたが、まさか手遅れだった。
  b．まさか転載であることを明記すべきじゃないのか。
  c．美術専門の予備校へ行かないと、まさかの天才じゃないと合格は無理だ。
  d．まさか入賞できると思っていなかったので、びっくりしています。

(2) あいにく
  a．一日はだれにとっても二十四時間で、あいにく平等なものだ。
  b．当日はあいにくの雨にも関わらず多くの方にご参加いただきました。
  c．あいにく苦労して取った資格なので、自分の成長に役立てたい。
  d．部屋に入ると、あいにくテレビをつけるのがオレの習慣だ。

(3) ひょっとして
  a．この記録にひょっとして挑戦してみたい。
  b．見知らぬ人物にはひょっとしてついていかないこと。
  c．ひょっとして指名されたスピーチで、緊張のあまり話をまとめられなかった。
  d．私もその町にいたから、ひょっとしてどこかで会っていたかもしれない。

(4) 広げる
  a．学会終了後、小樽まで足を広げた。
  b．兄は机の上に書類を広げたまま出かけた。
  c．携帯電話が本格的に広げるようになったのは、わずか十数年前だ。
  d．東日本大震災による部品の供給不足が世界中のものづくりに大きな影響を広げた。

6．次の（　）に、適当な助詞を入れなさい。

(1) 日常生活（　）離れることは、心身のリフレッシュ（　）最適だと思う。
(2) 留学の経験が仕事（　）役立っている。
(3) 好きなことを仕事（　）したいと思う。
(4) 毎日の生活習慣（　）変えるだけで、病気（　）縁遠くなり、さらに老化予防（　）もつながるのです。
(5) クーラー（　）頼らずに、暑い夏（　）乗り切るのは難しい。
(6) 保護者と学校（　）（　）間に十分な協力関係が保たれていることが重要だ。
(7) スポーツは身体的な能力の限界（　）（　）挑戦の場として位置付けられ

ている。
(8) 昔スポーツは科学（　　）無縁だった。
(9) 大勢の前で話すのは、程度の差（　　）（　　）あれ、誰でも緊張する。
(10) スポーツの実践（　　）フェアプレーが求められている。

7．次の_____に入れるのに最もよいものをa～dから一つ選びなさい。
(1) 私たち_____、思い出はかけがえのない人生の宝だ。
　　a．にとって　　b．に対して　　c．に関して　　d．をめぐって
(2) 島の形が木の枕に似ている_____、枕島という名前がついた。
　　a．ことから　　b．ことには　　c．ことなら　　d．ことなく
(3) 暗くならない_____、早く家へ帰りましょう。
　　a．上に　　b．際に　　c．おりに　　d．うちに
(4) 現在の仕事に_____がいを感じている。
　　a．やる　　b．やって　　c．やら　　d．やり
(5) 李さんは趣味_____合気道を習っています。
　　a．にとって　　b．として　　c．について　　d．をめぐって
(6) この本は、大学入試_____、広く英語の学習をしたい人にとってとても役に立ちます。
　　a．に関せず　　b．にかまわず　　c．にとどまらず　　d．を問わず
(7) 年齢の差_____、祖母と私は大親友です。
　　a．だからこそ　　b．であるこそ　　c．こそあるから　　d．こそあれ
(8) 赤ちゃんの出生率は年々_____つつある。
　　a．減る　　b．減って　　c．減り　　d．減て
(9) 問題用紙と解答用紙は決して持って_____と言われた。
　　a．帰ってならない　　　　b．帰ってはいられない
　　c．帰ってもかまわない　　d．帰ってはいけない
(10) 北京では、この時間になると分厚いコート_____街を歩けない。
　　a．ないでは　　b．なしには　　c．なくても　　d．ないには

8．次の文の__★__に入る最もよいものをa～dから一つ選なさい。
(1) せめて_____　__★__　_____　_____いただけませんか。
　　a．でも　　b．泊めて　　c．だけ　　d．一日
(2) 桜を見ながら_____　_____　__★__　_____ものはない。

a．おいしい　　b．お酒　　c．飲む　　d．ほど

(3) 狂犬病の予防接種は、＿＿＿ ＿＿＿ ＿＿＿ ＿★＿、接種率が低い。

a．ものの　　b．義務　　c．法律で　　d．づけられている

(4) 専攻と将来の＿＿＿ ＿＿＿ ＿＿＿ ＿★＿必要があると思う。

a．考える　　b．仕事　　c．結びつけて　　d．を

(5) ご報告したいことが山ほどあり、＿＿＿ ＿★＿ ＿＿＿ ＿＿＿か分からない。

a．言いだしたら　b．から　　c．どれ　　d．よい

9．次の中国語を日本語に訳しなさい。

(1) 由于大约90%的病毒都是通过邮件传播的，所以防止来自于邮件的感染是非常重要的。

(2) 从她准备做饭娴熟的样子来看，似乎很擅长做家务。

(3) 任何事情不努力都不可能达到目标。

(4) 这个问题只有得到全县人民的理解才能解决。

(5) 据说咨询下个月公开讲座的不只有年轻人，还有很多老年人。

(6) 不存在以强欺弱现象的学校是没有的，可以说只是程度上的差别而已。

(7) 在太空人之所以不会掉下来，是因为地球的引力不起作用。

(8) 记者这一职业体力是必需的。同时，也要求对事物具有敏锐的观察力。

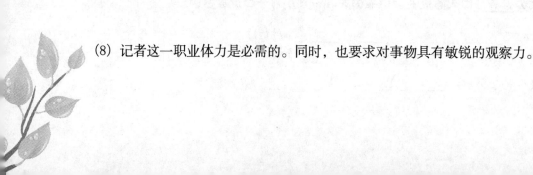

Ⅱ．听力

1. 録音を聴いて、正しい答えをa～dから一つ選びなさい。

   (1) _____ (2) _____ (3) _____ (4) _____

2. 問題の文を聴いてそれに対する正しい返答を1～3から最もいいものを一つ選びなさい。

   (1) _____ (2) _____ (3) _____ (4) _____

Ⅲ．阅读

次の文章を読んで後の問いに答えなさい。

　　息子が3歳ごろのこと。妻が風邪を引いて寝込んだ。
　　私は息子に、
　　「お母さんは夕食が作れそうにないな。今晩は、お母さんが好きなハンバーグでも買ってきてあげるか。」
　　と言うと、息子は、
　　「うん。ぼくも一緒に行く！」
　　と乗り気だ。
　　二人手をつないで、近所のレストランに向かった。
　　その店は、車が頻繁に走っている大きな道路の向こう側にあった。家の近くには横断歩道がなかったので、その店に行くには、数百メートルくらい先まで歩いていって、まず横断歩道を渡り、そして少しの距離を引き返さなければならない。つまり「コ」の字形に歩くようになっていた。
　　私は息子の手を引いて、横断歩道まで行こうとした。すると、横断歩道まで行く手前、ちょうどレストランが対面にあるところまでくると、息子が言った。
　　「お父さん、ここから渡るんだよ」
　　息子は車がひっきりなしに走っている道路を渡ろうと、左右をきょろきょろ見始めたではないか。
　　「危ない！こんなところで渡ったら、車にひかれちゃうじゃないか」
　　「だいじょうぶ。だって、ぼく、お母さんとよくここから渡るんだから。『きょうはとくべつ』と言って渡ればいいんだよ。お母さんは、いつもこう言ってここから渡るもん！」

息子は私の手を引っ張って、横断歩道でもない道路に果敢にも飛び出そうとした。

「ただいま。おかあさんの大好きなてんぷらをいっぱい買ってきたよ」

息子は嬉しそうに妻に話しかけている。

（　イ　）、私は憮然としている。しばらくして、

「ぼくは君に育児をこのまま任せておいていいか、心配になってきたぞ。子供は親の背中を見て育つんだ。大人の心の奥にある、『規則なんて守らなくていい』ということまで真似してしまうんだぞ」

という私の言葉に対して、妻は、

「何のことを言っているの。それを言うなら、この子が道を歩く度に唾を吐こう吐こうとするのは、一体どこの誰の背中を見てるのかしらね。」

私の癖のことを言っているのである。険悪な空気が流れた。てんぷらを食べるどころではなくなってしまった。正に我が子は、私達の悪い背中を見てすくすく育ってしまっているのである。

質問

（1）（　イ　）にあてはまるものを選びなさい。

　　　a．だから　　　b．あるいは　　　c．やはり　　　d．一方

（2）文章を読んで、家とレストランの位置関係として適切な図を選びなさい。

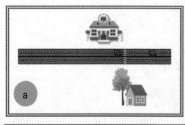
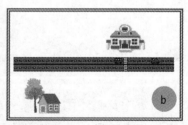
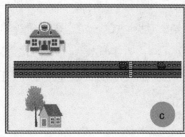

(3)「ぼくは君に育児をこのまま任せておいていいか、心配になってきたぞ」と言っているのはなぜですか。
   a．子供の手本となるべき母親が規則をおろそかにし、子供に悪影響を与えているから。
   b．子供が横断歩道を渡るとき、きょろきょろして落ち着きがなかったから。
   c．子供が自分よりも母親の言うことを信じるから。
   d．子供が道路で車にひかれそうになったから。

最後に会話文と読解文を読み直して、＿＿＿＿を埋めなさい。

ユニット1　会話　お花見

（日曜日の昼。王は高橋の両親と、高橋家の隣に住む伊藤と小学校5年生になる息子の潤と一緒に上野公園へお花見に来た。伊藤は中国人の夫の仕事の関係で来日中）

王　　　わー、満開だぁ。すっごーい。
高橋の母　王さんにぜひ見てもらいたいって、美穂からもメールが来てね。
王　　　そうだったんですか。北京の桜はまだだろうなあ。
高橋の父　（お花見をする場所を探して辺りを見回して）ここがいいね。
母　　　そうね。あなた、シート広げて。
王　　　＿＿＿＿よ…はい、よいしょっと。
母　　　あ、どうもありがとう。北京でもお花見ってするの？
王　　　うちの大学のそばの公園が名所なんですよ。
伊藤　　あら、＿＿＿＿京華大学？わたし京華に留学してたんですよ。
王　　　えっ、ほんとに？　じゃあ、先輩ですね！（シートを少し引っ張って）これでいいですか。
父　　　オーケー。さあ、お弁当、お弁当。
母　　　まったく、お父さんったら「＿＿＿＿」なんだから。
伊藤　　（潤がいつのまにか桜の木に登っているのを見て）こら、潤、危ないからやめなさい。この子にも将来京華大に行ってもらいたいんですけど、5年生にもなってこれでしょう…。＿＿＿＿わ。
母　　　まあまあ。さあ、潤、いらっしゃい。
潤　　　いっただっきまーす。
父　　　さあ、どうぞ、どうぞ。
王　　　あの、ジャスミン茶を持って来たんですが、いかがですか。
母　　　あら、＿＿＿＿。じゃ、みんなでいただきましょう。

潤	この卵焼き、甘くておいしいよ。
王	えっ、日本の卵焼きって甘いんですか…。（苦笑い）
伊藤	そうだわ、王さん、潤の中国語の先生に＿＿＿＿＿かしら。
王	えっ！僕が潤ちゃんの先生？＿＿＿＿＿！
父	そうか！王さんがいたじゃないか。実は部下が7月から北京に赴任するんだけど、こちらも何とか教えてやってくれないか。＿＿＿＿＿よ。
王	えっ！！そんなあ…。
母	お父さんったら！

（みんなで食事が終わって）

父	やっぱり、春の桜って本当にいいもんだなあ。
王	信哉君も一緒だとよかったけど、受験勉強＿＿＿＿＿ですね。
母	それがね、まだ部活に夢中で勉強どころじゃないって感じなのよ。もうちょっと真剣になって＿＿＿＿＿。
父	このままじゃ「サクラチル」だよ。
母	まあ、あなた、＿＿＿＿＿。でも、信哉ったら、せっかく年号の覚え方教えてやっても、ぜんぜん覚えよう＿＿＿＿＿の。
父	例の「鳴くよ、うぐいす」かい。…まあ、＿＿＿＿＿ことはないさ。
伊藤	信哉君も大変なんですね。あ、さっきの話に戻っちゃうけど、＿＿＿＿＿会話だけでも慣らしておきたいの。＿＿＿＿＿＿＿＿、潤の中国語の＿＿＿＿＿もらえないかしら。
王	先輩のお願いだし、それなら＿＿＿＿＿させていただきます。
伊藤	よかった！じゃ、ちょっと急だけど、早速、来週＿＿＿＿＿からお願いできるかしら…。
王	後半ならたぶん大丈夫だと思いますが…。
潤	じゃ、王さん、金曜日にしようか。
伊藤	こら、潤。王さんにもご都合があるのよ。
王	＿＿＿＿＿、スケジュール帳、うちに置いてきちゃってて…。＿＿＿＿＿してからお電話させていただいてもいいですか。
伊藤	ええ、よろしくお願いします。
王	ところで、さっきおっしゃってた「うぐいすがなく」って何ですか。
父	うん？ああ、それはねえ…、＿＿＿＿＿＿＿＿＿＿＿＿＿＿でね。（説明を始める）

第15課　さまざまな学び

(次の日、大学で)

王　　　木村さん、前に子どもにゲームで教える方法について発表してくれたよね。その話、時間がある時、もうちょっと教えてくれない？

木村　　いいよ。年少者教育のことなら_____。

王　　　ありがと。じゃ、あしたの吉田先生の授業のあとということで。

木村　　オッケー。じゃ、またあした。

王　　　よろしく！

ユニット2　読解　スポーツと科学

　スポーツの語源はdisportで、運び去るということから、日常生活を離れて_____をする、遊ぶことであり、科学や科学技術とは_____ものであった。今でも、科学技術に_____、さまざまなストレスに_____いる日常から解き放たれて、心身を_____することにスポーツが役立つという点では、この意味が_____といえるだろう。

　しかし、常に新しいことに挑戦することで大脳を_____させ、_____と文化をより高度なものに発展させてきた人類は、スポーツも_____としてだけでなく、身体的な能力の_____への挑戦の場として位置付けて、競技の記録やパフォーマンスを_____させ続けてきた。オリンピック大会や世界選手権を_____とする「競技スポーツ」がそれである。

　その一方で、もう一つのスポーツの_____として、近年 sports for all という_____が世界的に展開されている。競技スポーツばかりでなく、ジョギングやウォーキングなどの_____もスポーツという言葉で_____、健康や生きがいのために行うスポーツとして、「生涯スポーツ」とか「健康スポーツ」とも呼ばれている。なぜ for all かというと、科学技術の急速な進展による機械文明に_____現代人には、身体運動の機会が_____に少なくなって、単に体力が_____しているだけでなく、飽食によるエネルギー出納のプラスも_____、成人病などの_____という大きな社会問題が起きていて、それを解決する唯一の手段がスポーツだからである。

　ところでスポーツとは_____だった科学が、スポーツと_____のはここ半世紀ぐらいのことである。オリンピックなどでの国際大会が_____されたことと、身体や運動に関する科学的知見が_____されてきて、経験に_____きたトレーニングに_____ようになったことから、当時のソ連、東独などの東欧

圏が_____し、それを西欧諸国が_____という形で発展してきた。
　はじめは_____スポーツの現場と、まだ_____科学との間には、お互いの理解不足もあって_____が見られたが、その後の科学の_____、知識の_____、そして特に測定技術、機器の急速な_____がこのギャップを急速に_____つつあり、今では_____には世界の頂点では戦えないというのが_____となっている。それも競技者の競技力発揮に関わる心技体の分析からの支援に_____、打具、シューズ、ウェア、トレーニング機器などの用具、競技場の施設、記録の自動測定や結果の速報などの競技会運営といったさまざまな所に、最先端の科学技術が広く_____されている。
　これらの競技スポーツで_____科学的知見や技術は、程度の差_____基本的には同じようにスポーツをする生涯スポーツにも広く応用されている。また_____のスポーツ科学も生涯スポーツにとって重要なものであるが、競技スポーツにとってもこの視点は同様に重要であり、相互に_____いるといってよい。
　最後に、科学は人類に大きな_____をもたらしてくれたが、同時に常に悪魔性が存在していることも忘れてはならないだろう。スポーツでも、ドーピングがそうであり、遺伝子操作などの最新技術も_____されるものである。スポーツの実践にフェアプレーが_____ように、スポーツに関わる科学者にもフェアプレーが強く_____されているのである。スポーツも科学も人間の幸福のためにあることを_____。

第16課　子どもと大人

単語帳

インターフォン　バージョン　アジュマ　ロボット　マイホーム　マイルーム
雌　餌　情緒　次　塾　概要　形態　欲求　住居　都心　役柄　主旨　連中
連休　家系　世帯　呼称　呼び方　社会力　不登校　外部化　違和感　収蔵品
シマウマ　合言葉　慰安　昔話　封筒　触れ合い　おばあちゃん子　お義母さん
奥様　夫婦　交わり　付き合い　おおもと　ひまわり　お持たせ　引きこもり　指導
教授　充足　依存　没頭　保障　阻害　増強　形成　激化　配達　進行　勉学
退席　休息　変質　居候　養育　衰弱　生殖　放し飼い　問題視
久しい　情けない　厚かましい　広範　突然　心理的　希薄　取り急ぎ　要するに
ひとえに　折り入って　情緒的　非社会的　性的　どれどれ
気を遣う　呼びかける　埋める　試みる　　空ける　失う　培う　促す　和む　満たす
担う　及ぼす　為す　打ち明ける　励む　見習う　産む
お安い御用　持ちつ持たれつ　－ぐるみ　筑波大学

文法リスト

～上で＜判断成立的范围＞
～かわりに＜替代＞
すら＜最低限度＞
～つ～つ＜动作的交替、状态的并存＞
[V]ていたより＜超出想像、听说＞
[N／Vる]に伴い＜伴随变化＞
～のみならず＜非限定＞

I. 文字・詞汇・語法

1. 次の下線部の漢字の読み方をひらがなで書きなさい。

   {連中 / 子供連れ}　　{突然 / 天然}　　{煩悩 / 悩む}　　{異文化 / 異なる}

   {担う / 担当}　　{目印 / 印鑑}　　{促す / 催促}　　{無知 / 無難}

   {失う / 失恋}　　{配る / 配達}　　{呼ぶ / 呼称}　　{培う / 栽培}

2. 次の下線部のひらがなを漢字に直しなさい。

   (1) 彼のとくちょうのある声は、一度聞いたら忘れられない。
   (2) みんなできょうりょくして計画を立てた。
   (3) 言語のしゅうとくでは、理屈より練習のほうが大切です。
   (4) 先月の残業てあてはまだもらっていない。
   (5) 北京のたいざい日数を２日延ばした。
   (6) 日本の庭園を見物して、日本人の小さいものへのあいちゃくを強く感じた。
   (7) 経済の高度成長に伴い、他人への誠実さがきはくになっている。
   (8) 中国では、仕事とともに子供をよういくするのに苦労している女性が多い。
   (9) 彼女は親の病気のために大学院へのしんがくをあきらめた。
   (10) 有効期間が過ぎたら、薬はへんしつしてしまう。

3. 次の_____に入れるのに最もよいものを、a～dから一つ選びなさい。

   (1) あのソフトに新しい_____が発売された。
       a．ハイテク　　b．バブル　　c．バランス　　d．バージョン
   (2) 教師と学生の心の_____が大切である。
       a．触れ合い　　b．にらみ合い　　c．知り合い　　d．付き合い
   (3) 中国は世界の工場といわれて_____。
       a．たくましい　b．めざましい　c．ひさしい　　d．ややこしい
   (4) 登場人物の心情を的確に_____ために丁寧に読まなければならない。

a．培う　　　b．捉える　　　c．及ぼす　　　d．和む
(5) 地道な努力が今回の優勝に＿＿＿＿。
　　　a．もたらした　b．つながった　c．試みた　　　d．満たした
(6) 青島にはビール造りに＿＿＿＿良質の水がある。
　　　a．欠かせない　b．足りない　　c．失わない　　d．促さない

4．次の＿＿＿＿の言葉に意味が最も近いものを、a〜dから一つ選びなさい。

(1) 暗くなってきたので、気をつけてください。
　　　a．注意して　　b．変更して　　c．下車して　　d．中止して
(2) これは最高のチャンスだと思った。
　　　a．伝言　　　　b．物語　　　　c．好機　　　　d．提案
(3) 外国留学に関する問題はすべて解決した。
　　　a．全部　　　　b．まるで　　　c．大部分　　　d．ほとんど
(4) 親切にしてくださったお礼として彼女に贈り物をした。
　　　a．感謝　　　　b．祝福　　　　c．挨拶　　　　d．餞別
(5) 私の責任ですから、どうしても謝らなければなりません。
　　　a．感謝し　　　b．お詫びし　　c．依頼し　　　d．お礼し
(6) 初体験ですが、チャレンジしてみたいです。
　　　a．対抗　　　　b．戦争　　　　c．挑戦　　　　d．チャーター
(7) あんなやつに負けるなんて、情けない。
　　　a．ちかしい　　b．悔しい　　　c．重々しい　　d．ややこしい
(8) 日々受験勉強に励む高校3年生です。
　　　a．努める　　　b．くくる　　　c．遮る　　　　d．揃える
(9) 震災は日常生活に大きな影響を与えた。
　　　a．届けた　　　b．渡した　　　c．及ぼした　　d．あげた
(10) 今日の成功は、すべてみなさんの努力の結果だと思います。
　　　a．あいにく　　b．いったん　　c．おもいっきり　d．ひとえに

5．次の（　）に、適当な助詞を入れなさい。

(1) 子どもは勉強部屋が与えられ、一日中そこ（　　）籠ることが多くなった。
(2) 流行語は、自国の人（　　）（　　）十分（　　）理解できない場合がある。
(3) 校外では、学生と先生（　　）（　　）交流はほとんどない。
(4) 学級委員は各クラス（　　）回って会費（　　）集めている。

（5）友達同士（　）旅行する学生が多い。
（6）今年の新入社員は熱心な態度（　）先輩（　）仕事を教わっている。
（7）子供（　）いろいろな塾（　）通わせている親が多い。
（8）同窓会の幹事は田中さん（　）任せることになった。
（9）子供（　）大人の交流（　）少なくなった原因の一つに、家族形態の変化（　）ある。
（10）子どもの非社会的行動（　）、「社会力の低下」という概念（　）作って論じている教育社会学者がいる。
（11）子どもの社会力の低下をもたらした要因は、家庭生活の変容（　）ある。

6．次の説明に合っているものをa～dから一つ選びなさい。
（1）他人の家や部屋を出る時に使うあいさつ。
　　a．お邪魔します　　　b．おかまいなく
　　c．失礼します　　　　d．お邪魔しました
（2）「くる」の尊敬語。
　　a．うかがう　　b．見える　　c．まいる　　d．訪ねる
（3）周りに溶け込めない感じ。
　　a．相違感　　b．差異感　　c．違和感　　d．親近感
（4）仲間からのけものにされること。
　　a．連中外れ　　b．期待外れ　　c．離れ離れ　　d．仲間外れ
（5）人や動物が心身ともに育つこと。
　　a．成長　　b．生長　　c．大人　　d．成人
（6）頭が良く働き、利口である。
　　a．まぶしい　　b．切れる　　c．はやい　　d．たのもしい
（7）コップや杯にお酒などの飲み物を入れる。
　　a．かける　　b．つける　　c．もる　　d．つぐ
（8）休みなく熱心に仕事などをする様子。
　　a．しきりと　　b．せっせと　　c．たっぷりと　　d．さっさと
（9）葉書や手紙など消息などを知らせてくるもの。
　　a．挨拶　　b．依頼　　c．便り　　d．封筒
（10）おおざっぱにすること。
　　a．すっと　　b．そっと　　c．ほっと　　d．ざっと

第16課　子どもと大人

7．次の＿＿＿に入れるのに最もよいものを、a～dから一つ選びなさい。

(1) 最近中国では大気汚染が問題になっているが、これは中国のみならず＿＿＿＿。
　　a．ほかの国にはない　　　　　　b．ほかの国にもあるようだ
　　c．ほかの国にかぎられている　　d．ほかの国にはありえない

(2) 中国では都会の人口増加＿＿＿＿住宅問題が深刻化している。
　　a．になって　　b．にして　　c．にともなって　d．にそって

(3) ネットの普及＿＿＿＿、情報を一斉に各国に伝えることが可能となった。
　　a．によって　　　　　　b．にそって
　　c．にとって　　　　　　d．に通って

(4) 彼女の突然の行方不明＿＿＿＿、さまざまなうわさが流れた。
　　a．をこめて　　b．をめぐり　　c．をはじめ　　d．をつうじて

(5) 長時間働くよりも、ムダな時間を減らした方が能率は上がる＿＿＿＿。
　　a．しかない　　b．ことだ　　c．はずだ　　d．べきだ

(6) このビルは、勤務時間以外は立ち入り禁止＿＿＿＿。
　　a．ではない　　　　　　b．になっている
　　c．に応じている　　　　d．にあたっている

(7) 山田町は昭和60年代から町＿＿＿＿で健康づくりに取り組んできた。
　　a．ときたら　　b．だらけ　　c．ぐるみ　　d．まみれ

(8) いったん引き受けた＿＿＿＿、途中で止めてはいけない。
　　a．わけは　　b．以上は　　c．はずは　　d．しだいは

(9) この辞書を貸してあげるから、＿＿＿＿、そのＣＤ貸してくれないか。
　　a．かわりに　　b．ついでに　　c．しだいに　　d．おかげで

(10) 自己アピールも、社会生活を送る＿＿＿＿必要になることもある。
　　a．上で　　b．もとで　　c．途中で　　d．うちで

(11) 先生、次のゼミでは、私に発表＿＿＿＿いただけないでしょうか。
　　a．して　　b．させて　　c．いたして　　d．されて

(12) 社長もこの事件のことは＿＿＿＿いらっしゃいましたか。
　　a．うかがって　　　　　b．ごぞんじで
　　c．うけたまわって　　　d．ぞんじて

(13) 今、ちょっと手が離せないので、他の人に＿＿＿＿ください。
　　a．教えてもらって　　　b．教えられて
　　c．教えてやって　　　　d．教えさせられて

(14) 皆様は、最近どんな本を＿＿＿＿。

a．お読みですか b．お読まれですか
c．お読みしますか d．お読まれしますか

(15) 来週＿＿＿のですが、ご都合はよろしいでしょうか。
a．まいらせたい b．いらっしゃりたい
c．おうかがいしたい d．おこしになりたい

8．次の文の＿★＿に入る最もよいものを、a～dから一つ選なさい。

(1) 町から空き地が消え、子どもたちの＿＿＿ ＿＿＿ ＿＿＿ ＿★＿。
a．久しい b．声が c．遊ぶ d．消えて

(2) あの病院は＿＿＿ ＿＿＿、＿＿＿ ＿★＿の実績をもっています。
a．のみならず b．四国地方 c．トップレベル d．全国的にも

(3) 母親の社会進出に伴い、子どもを社会化する＿＿＿ ＿＿＿ ＿＿＿ ＿★＿任せるようになった。
a．家庭の外部 b．機能 c．に d．を

(4) 家族同士の関係の希薄化は、そのまま、子どもたちの＿＿＿ ＿★＿ ＿＿＿ ＿＿＿希薄にすることになったといってよい。
a．を b．への c．他者 d．関心

(5) 地域は、かつてあったお隣り同士の＿＿＿ ＿＿＿ ＿★＿ ＿＿＿を失いつつある。
a．コミュニティ機能 b．付き合いや
c．助け合い d．といった

9．次の中国語を日本語に訳してください。

(1) 由于高学历女性的出现，女性进入政界已经不罕见了。

(2) 人生中不可缺少的是什么？

(3) 他不仅给我寄学费，还给我寄生活费，是我的恩人。

(4) 总之，离婚是双方都有责任的。

(5) 田中是守信用的人，不会不来的。

(6) 今天，新的事物层出不穷，可称之为"发展中的社会"。

(7) 这个班比想象的好，整体水平比较齐。

(8) 欧美人用握手而不是鞠躬表示问候。

(9) 死去的孙子如果活着的话应该快4岁了。

(10) 可以说每个民族的行为方式是与其本国的国民特点密切相关的。

II. 听力

1. 録音を聴いて、内容と合っていれば〇、合っていなければ×を（　）に書きなさい。

   (1)
   　　（　）①会議は、A商品の発売についてである。
   　　（　）②会議は、B商品の発売についてである。
   　　（　）③AとBの商品の発売は来年である。
   　　（　）④会議のテーマは決まっていない。

   (2)
   　　（　）①この商品は、全世界で使われている。
   　　（　）②男は、新商品をいかに売り込むかについて話すようだ。

（　　）③会議の参加者の目の前には資料が置かれている。
（　　）④会議は資料を基に進められるようだ。

2．録音を聴いて、次の質問に答えなさい。

（1）質問：自己紹介をしているのはどんな人ですか。

（2）質問：この人は自分のどんな長所をアピールしていますか。

（3）質問：
　　①この人はどんな人ですか。
　　②今までのイタリア料理店の特徴は何ですか。
　　③この人はどんな料理店を作りたいと考えていますか。
　　④何月にオープンする予定ですか。
　　⑤このプレゼンの目的は何ですか。

3．問題の文を聴いてそれに対する正しい返答を1〜3から最もいいものを一つ選びなさい。

（1）_____　（2）_____　（3）_____　（4）_____

Ⅲ．阅读

次の文章を読んで後の問いに答えなさい。

　日本のある会社が香港で現地の人間を採用しようと思って求人広告を出したという。
　「日本語のできる人を求む」
　すると瞬く間に、「我こそは日本語が達者である」と胸を張って、たくさんの香港人が押しかけた。会社は大いに喜んで、さっそく面接をしてみたが、実際にはほとんどの人が、「コンニチーハ、サヨナーラ」といった挨拶程度の日本語しか話すことができなかったそうである。
　この話を聞いて私は、「香港の人はすごい」と感心した。何より語学ができるという認識が日本人とずいぶんとかけ離れているではないか。もし日本人が、「あなたは英語が話せますか」と問われたら、たいがいの人は、「　（イ）　」と答えるであろ

う。この「　（イ）　」が「はい、　（ロ）　」に変わるまでには長い道のりがあって、よほど流暢に、アメリカ人もびっくりするほどペラペラとしゃべれない限り、「　（ロ）　」とはとうてい答えられない。恥ずかしいという理由もあるだろうが、もし「　（ロ）　」と答えた場合、その責任を自分が取らされたうえ、理解できなかったらどうしようという不安が、一瞬脳裏をかすめるからである。

そこで、「まあ、そこそこ話せるな」と内心自負しているような人でも、「　（イ）　」と答えておく。そのほうが無難である。これが日本流の「謙譲の美徳」なのである。

ところが、香港のような国際貿易都市で生きていくためには、そんな呑気なことはいっていられない。語学が堪能でなければ給料のいい仕事にはありつけないし、語学のみならず、自己PRの上手にできない人間は出世も望めない、という社会の仕組みが出来上がっているのだろう。（ハ）、少々はったりきかせても、「　（ロ）　」と先に手を挙げたほうが勝ちなのである。

質問

(1) 「『香港の人はすごい』と感心した」のはなぜですか。次の中から適当なものを一つ選びなさい。
   a．面接に来た人のほとんどが日本語で挨拶ができたから。
   b．挨拶しかできないのに「日本語ができる」と応募してきた人がたくさんいたから。
   c．日本企業の求人広告にたくさんの香港人が押しかけたから。
   d．面接に来た人の中に、何ヶ国語もしゃべれる人がたくさんいたから。

(2) 文中の「イ」「ロ」に入る言葉の組み合わせとして正しいものを一つ選びなさい。
   a．イ　話せます　　ロ　少しだけ
   b．イ　得意です　　ロ　少しだけ
   c．イ　少しだけ　　ロ　話せます
   d．イ　苦手です　　ロ　少しだけ

(3) 文中の（ハ）に入れるのに適当な接続詞を、次の中から一つ選びなさい。
   a．すると　　b．でも　　c．つまり　　　d．ところが

最後に会話文と読解文を読み直して、_____を埋めなさい。

ユニット1　会話　おばあちゃん子
（連休にマイクの指導教授の清水先生の家を訪問する。マイクは2度目）

マイク　　あれ、この辺に交番があったんだけど…。_____かな。
木　村　　ちょっと、八百屋のおじさんに聞いてくる…。すみませーん。

（先生のお宅に着いて）

マイク　　（インターフォンを押して）ごめんください、マイクです。
先　生　　あ、マイクさん。（ドアを開ける）さあ、どうぞ、どうぞ。
全　員　　_____。（入る）
先　生　　ここ、すぐ分かりました？
マイク　　実はちょっと迷って…八百屋さんで_____。
先　生　　そうでしたか…家内のサチ子です。（妻を紹介する）
全　員　　はじめまして。こんにちは。
妻　　　　さ、どうぞ。_____。（全員上がる）
先生の母　サチ子さん…。
妻　　　　お義母さん、一郎さんの学生さんたちが見えました。
母　　　　まあ、ようこそ。さあ、どうぞどうぞ、_____。
マイク　　（部屋に入って）あの、これ、_____…。
先　生　　これはどうも…。君たち、_____…。
　　　　　おみやげをいただいたよ。
妻　　　　まあ、_____。あなた、皆さんに座っていただいて。
健　太　　（突然、先生の息子が入ってくる）おばあちゃん、遊ぼうよー！
妻　　　　健太、マイクさんでしょ、こんにちは、は？お兄さんやお姉さんたちにも_____。
健　太　　マイクさん、こんにちは！…ええと…こんにちは。
全　員　　こんにちは。
母　　　　ケンちゃん、おばあちゃんと一緒に向こうで遊ぼうか。
健　太　　うん！じゃ、バイバイ。
母　　　　どうぞ、_____。

（妻がお茶と学生の持ってきたお菓子を並べて持ってくる）

妻　　　　お持たせのお菓子ですが…。
マイク　　サチ子さんはどれがいいですか。

第16課　子どもと大人

妻	は？ああ…皆さんからまずどうぞ。
健太	（また来る）お父さーん、ゲーム機、＿＿＿＿なっちゃったー。
先生	どれどれ…あれ、ほんとだ…あとで見てあげるから、おばあちゃんのところに行って＿＿＿＿。
王	息子さん、おいくつですか。
先生	いくつだっけ？今年で7歳になるんだよね。
朴	僕、お名前は？
健太	清水健太…。
母	（部屋の外から）あの…一郎、小林先生からお電話ですよ。
先生	あ、＿＿＿＿。（学生たちに言って退席）
マイク	ケンちゃん、そのゲーム機、好き？おもしろい？
健太	まあまあ。バージョンが古いんだ。お兄ちゃん、ゲーム機は？
マイク	僕も前は大好きだったよ…ふーん、あ、ここが動かないんだね…。
先生	（戻る）健太、お母さんがおやつだって。ほら、＿＿＿＿。
健太	はーい。じゃ、マイクさん、またあとでねー。

（帰り道）

木村	注意して聞いてると、日本語の呼び方って意外に難しいのね。
朴	うん。この間、前を歩いてる40歳ぐらいの女の人が切符を落としたから、おばさん、落としましたよって言ったら＿＿＿＿。
木村	子どもを連れていたの？
朴	ううん…。
木村	それじゃ「おばさん」はないよ、かわいそうに。韓国ではどう？
朴	40代以上なら「アジュマ」って呼んでもいいんじゃないかな。
王	「先生」って女性にも使うじゃない、あれ、最初は＿＿＿＿があった。お店で「おねえさん」って呼んで、笑われたこともあるし。
朴	僕も。そう呼ぶかわりにふつうは「すみません」って言うんだよね。
マイク	あれ、そういえば、先生の奥さんって何て呼べばいいの？奥様？
木村	えーと…。あら、どう呼べばいいんだろう…。

（次の週の清水先生の授業の後で）

木村	先生、＿＿＿＿。
先生	こちらこそ。妻も母も楽しかったって、＿＿＿＿よ。
マイク	ケンちゃんのゲーム機、直りましたか。
先生	いやあ、＿＿＿＿ね。思っていたより複雑なんで、まいったよ。

王　　　　健太君は、先生のお母様が大好きなんですね。
先　生　　うん、あの子はおばあちゃん子でね。
マイク　　あの、先生のお宅で奥さんを呼ぶ時、何と言ったらいいんですか。
先　生　　えーと…おや、そういえば、どれも使えないみたいだな…。

ユニット2　読解 家庭生活の変容と子どもの社会力の低下

　日本では、子どもの不登校や引きこもり_____非社会的行動が問題視されるようになって_____。子どもの非社会的行動を「社会力の低下」という_____教育社会学者がいる。筑波大学の門脇厚司教授である。教授はその論文で、子どもの社会力の低下を_____要因が家庭生活の変容にあると考え、分析を_____いる。以下、その概要を紹介する。

　論文の中で教授は、1．家族形態や住居形態や生活様式の_____と2．家族機能の_____という観点から家庭生活の変容を_____、それが子どもの社会力低下に_____いると指摘している。

　まず、1．の家族形態や住居形態、生活様式の_____として、世帯当たり人数の_____と、マイホーム化とマイルーム化の_____があると述べている。_____平均5人だった1世帯_____の人数は、現在では夫婦と子ども1人というのが一般的となった。郊外のマイホームから都心の会社に勤める父親が家を_____時間が長くなり、子どもは自分専用の勉強部屋が_____、一日中そこに_____ことが多くなった。このようにして、「自分の家での家族との交わり_____十分でなくなった」とする。

　さらに、家族同士の交流だけでなく、「_____人たちの集合地となった地域では、_____はほとんどなく、地域_____の集まりや活動もない。地域はかつてあった_____といったコミュニティ機能を失った」と、地域の交流の希薄化を_____している。

　そして、「大人との_____がなくなった子どもたちは、かくして、自分の家での_____すら十分ではなくなったのである。社会力のおおもとである他者への_____と_____と_____を培う上で絶対に_____条件である他者との相互行為の絶対量が少なくなったこと、このことが子どもたちの_____ことになったのであり、_____によって促される脳の発達もまたこうして_____されることになった」という分析が続く。

次に２．の家族機能の外部化であるが、教授は家族機能として「①食べ物と休息の場を提供することで、家族員の＿＿＿＿＿を保障し（生活保障）、②家族員を慰安し心を＿＿＿＿＿、精神的な＿＿＿＿＿と心理的な＿＿＿＿＿を与え（慰安、精神的安定）、③性的な欲求を満たし（性欲求充足）、④次の時代を担う子孫を産み（生殖、家系保存）、⑤産んだ子どもを養育し社会の一員として育てる（教育、社会化）、という５つ」を＿＿＿＿＿いる。

　このうちの⑤の家族機能の＿＿＿＿＿は、経済の＿＿＿＿＿とともに始まった受験競争の広範化と＿＿＿＿＿により、子どもを学校＿＿＿＿＿塾や進学塾に通わせることが＿＿＿＿＿となったことや、母親の＿＿＿＿＿に伴い、子どもを育て社会化する機能を外部に＿＿＿＿＿ようになったこと、家庭でも親が子どもに本を読んでやったり昔話を聞かせたりすることすら＿＿＿＿＿しまい、親子の＿＿＿＿＿が少なくなったことなどによると教授は述べている。

　そして「家族機能の外部化というこのような家族の＿＿＿＿＿が、そこで生まれ、そこで育つ子どもたちの人間形成に影響を＿＿＿＿＿ないはずはない。家族同士の情緒的＿＿＿＿＿が薄くなり、家族同士が共同して事を為すことがなくなり、家族同士の＿＿＿＿＿の関係が希薄になってきたことは、そのまま、子どもたちの他者への関心と＿＿＿＿＿と信頼感を＿＿＿＿＿にすることになったといってよい。要するに、＿＿＿＿＿家族では、子どもたちの＿＿＿＿＿＿＿＿が形成されなくなったということである」と指摘する。

　教授は「社会力」とは＿＿＿＿＿であると述べている。その低下の原因であるとともに、解決への＿＿＿＿＿が「家庭」であり「家族」であることの意味を、私たちは＿＿＿＿＿＿＿必要があるのではないだろうか。

実力テスト3

1. 次の下線部の漢字の読み方をひらがなで書きなさい。

   (1) あの時、父の会社はすでに倒産寸前だった。
   (2) 彼は、恋も仕事も妥協しない。
   (3) 謙虚な人ほど高い志を持っている。
   (4) 患者は食欲不振などの症状があり、非常に衰弱している。
   (5) ささやかですが、お礼の印に、心ばかりの品をお贈りします。
   (6) 今日は、衝撃的な事件に遭遇した。
   (7) 人間にとってもっとも尊ぶべきことは何か。
   (8) 読んでいて気持ちが和むような漫画が好きだ。
   (9) 先週は、しつこい風邪と1週間闘っていた。
   (10) 初志貫徹、自分の希望を貫きたい。

(1)	(2)	(3)	(4)	(5)
(6)	(7)	(8)	(9)	(10)

2. 次の下線部のひらがなを漢字に直しなさい。

   (1) 問題解決のいとぐちをつかめました。
   (2) TVゲームのやりすぎは、子どもの脳の発達をそがいすると言われる。
   (3) はってんとじょうこくの子供達にパソコンを無償で提供している。
   (4) 海外でのはんきょうが大きかった。
   (5) 今日はセミナーで、博士論文のこうそうを発表した。
   (6) 急に腹痛におそわれた。
   (7) 先頭は半角スペースをあけて表示する。
   (8) 先生の研究室には観葉植物がかざってある。
   (9) うしなってはじめて、なくしたものの大切さを知る。
   (10) マンガによる文法解説をこころみた。

(1)	(2)	(3)	(4)	(5)
(6)	(7)	(8)	(9)	(10)

3．次の_____に入れるのに最もよいものを、a～dから一つ選びなさい。

(1) 記者会見では、来年度の通話料金の_____にも言及した。
　　a．引き下げ　　b．かけ下げ　　c．取り下げ　　d．さし下げ

(2) 社長の演説に深い_____を受けた。
　　a．感想　　　　b．感激　　　　c．感情　　　　d．感銘

(3) 受賞者が欧米の科学者に偏りがちになることに_____を覚えた。
　　a．達成感　　　b．臨場感　　　c．違和感　　　d．緊張感

(4) 気の合う仲間_____の旅行は楽しいものです。
　　a．同志　　　　b．同士　　　　c．同氏　　　　d．同師

(5) 恵子さんの仕事の手早さには誰も_____。
　　a．許さない　　b．促さない　　c．かなわない　d．担わない

(6) 入国審査の手続きを_____から、預け入れ荷物を受け取り、税関を通ります。
　　a．終わって　　b．済ませて　　c．浮かべて　　d．絞って

(7) 問題を違った角度から_____みると、意外とシンプルな解決策が浮かんでくる。
　　a．駆けて　　　b．取って　　　c．眺めて　　　d．乞って

(8) 友達に_____ペットが病気になってしまった。
　　a．預けた　　　b．置いた　　　c．放った　　　d．寄った

(9) 環境基準を_____超大型国有企業が破綻した。
　　a．応じない　　b．従わない　　c．満たさない　d．及ばない

(10) 月日を重ねるにつれ、寂しさが_____一方だそうです。
　　a．募る　　　　b．高める　　　c．裏切る　　　d．呼びかける

4．次の説明に合っているものを、a～dから一つ選びなさい。

(1) 他人のかわりになること。
　　a．みじん切り　b．みとおし　　c．身代わり　　d．身だしなみ

(2) 物事が進行する道筋、経路。
　　a．進展　　　　b．過程　　　　c．体勢　　　　d．頂点

(3) 郵便物や商品などを指定された宛先へ届けること。
　　a．設置　　　　b．遭遇　　　　c．配達　　　　d．受容

(4) 自分の意見にいつまでもこだわりつづけるさま。
　　a．執拗　　　　b．授受　　　　c．困惑　　　　d．懸念

(5) 密接に関係づける。
　　a．乗り切る　　b．取り組む　　c．ときはなつ　d．結び付ける

(6) 人々に参加や協力などを要請・勧誘する。

　　a．とりはらう　　b．よびかける　　c．たちあげる　　d．さぐりあてる

(7) よくない境遇から脱する。

　　a．浮かび上がる　b．囲む　　　　　c．埋める　　　　d．くくる

(8) ある計画のために、あらかじめ必要な費用を見積もること。

　　a．在庫　　　　　b．証拠　　　　　c．予算　　　　　d．物件

(9) 使った労力に対する、得られた成果の割合。

　　a．割り当て　　　b．順序　　　　　c．従属　　　　　d．効率

(10) 物事の動きを活発にさせるきっかけとして、外から作用すること。

　　a．集合　　　　　b．指示　　　　　c．刺激　　　　　d．参照

5. 次の＿＿＿の言葉に意味が最も近いものを、a～dから一つ選びなさい。

(1) この件に関してまだ私の考えは固まっていない。

　　a．入り口に固まらないで、奥につめてください。

　　b．ゼリーはまだ固まっていない。

　　c．基礎が固まらないうちに次の段階には行けない。

　　d．固まった塩がやっと崩れた。

(2) レポートの提出期限が切れている。

　　a．息が切れてもう走れない。

　　b．契約は先月切れた。

　　c．このナイフはよく切れる。

　　d．彼女とは手が切れた。

(3) このジャケットは内ポケットに物を入れても形が崩れにくい。

　　a．天気が崩れないうちに帰りましょう。

　　b．100元札は崩れますか。

　　c．疲れ果てて崩れるように座り込んだ。

　　d．取引の相場が崩れぎみだ。

(4) この仕事を年内に上げるようにしなければならない。

　　a．きのう第3冊の校正を上げたところだ。

　　b．全力を上げて改革に取り組んでいる。

　　c．ここでは100キロまでスピードを上げられる。

　　d．子供の成績を上げるために家庭教師を付けた。

(5) この雑誌は途中5ページも<u>抜けている</u>。
　　a．会議をちょっと<u>抜けて</u>、彼氏に電話した。
　　b．名簿から私の名前が<u>抜けている</u>。
　　c．木村先生は日常のこととなると<u>抜けている</u>。
　　d．社会人になって、もう1年になったのに、学生気分はまだ<u>抜けていない</u>。

6．次の文の＿＿★＿＿に入る最もよいものを、a～dから一つ選なさい。
(1) 人類は常に新しいことに挑戦することで大脳を発達させ、知恵と文化を＿＿＿＿＿ ＿＿★＿＿ ＿＿＿＿＿ ＿＿＿＿＿きた。
　　a．高度な　　　b．より　　　c．ものに　　　d．発展させて
(2) スポーツは昔、＿＿★＿＿ ＿＿＿＿＿ ＿＿＿＿＿ ＿＿＿＿＿であった。
　　a．もの　　　b．縁の　　　c．科学とは　　　d．遠い
(3) 現代人は科学技術の＿＿＿＿＿ ＿＿★＿＿ ＿＿＿＿＿ ＿＿＿＿＿どっぷりと浸かっている。
　　a．機械文明に　b．進展　　　c．による　　　d．急速な
(4) スポーツの現場と、科学との間には、＿＿＿＿＿ ＿＿＿＿＿ ＿＿＿＿＿ ＿＿★＿＿が見られた。
　　a．お互いの　　b．ギャップ　c．理解不足が　d．あって
(5) スポーツは、今では科学の＿＿＿＿＿ ＿＿★＿＿ ＿＿＿＿＿ ＿＿＿＿＿というのが常識となっている。
　　a．世界の頂点では　　　　b．サポート
　　c．戦えない　　　　　　　d．なしには
(6) 子どもの社会力の＿＿★＿＿ ＿＿＿＿＿ ＿＿＿＿＿ ＿＿＿＿＿は家庭生活の変容にある。
　　a．低下を　　　b．要因　　　c．もたらした　d．大きな
(7) かつて＿＿＿＿＿ ＿＿★＿＿ ＿＿＿＿＿ ＿＿＿＿＿家族数は、現在では夫婦と子ども1人というのが一般的である。
　　a．1世帯　　　b．5人だった　c．平均　　　d．あたりの
(8) 「社会力」とは、人と人が＿＿＿＿＿ ＿＿＿＿＿ ＿＿＿＿＿ ＿＿★＿＿である。
　　a．社会を　　　b．作っていく　c．つながって　d．力
(9) 母親の社会進出に伴い、＿＿＿＿＿ ＿＿＿＿＿ ＿＿＿＿＿ ＿＿★＿＿を外部に任せるようになった。
　　a．社会化する　b．子どもを　　c．機能　　　d．育て

7．次の(1)は作品を、(2)は作者を、右から選び、（　）に記号を入れなさい。

(1) ①土佐日記（　　）　　　　a　井原西鶴
　　②蜻蛉日記（　　）　　　　b　紫式部
　　③源氏物語（　　）　　　　c　兼好法師　（または、吉田兼好）
　　④枕草子（　　）　　　　　d　松尾芭蕉
　　⑤徒然草（　　）　　　　　e　藤原道綱母
　　⑥方丈記（　　）　　　　　f　清少納言
　　⑦日本永代蔵（　　）　　　g　鴨長明
　　⑧奥の細道（　　）　　　　h　紀貫之

(2) ①芥川竜之介（　　）　　　a　吾輩は猫である
　　②川端康成（　　）　　　　b　暗夜行路
　　③太宰治（　　）　　　　　c　ノルウェイの森
　　④宮沢賢治（　　）　　　　d　羅生門
　　⑤夏目漱石（　　）　　　　e　舞姫
　　⑥志賀直哉（　　）　　　　f　伊豆の踊り子
　　⑦井伏鱒二（　　）　　　　g　人間失格
　　⑧森鴎外（　　）　　　　　h　万延元年のフットボール
　　⑨大江健三郎（　　）　　　i　山椒魚
　　⑩村上春樹（　　）　　　　j　注文の多い料理店

8．次の_____に入れるのに最もよいものを、a～dから一つ選びなさい。

(1) 患者には家族_____のケアが重要です。
　　a．めぐみ　　b．だらけ　　c．まみれ　　d．ぐるみ

(2) 本校では、子どもたちの学力_____、夢や目標を実現する力も育てています。
　　a．にせよ　　　　　　　　b．のみならず
　　c．どころではなく　　　　d．ならでは

(3) 資格を取ってから_____、就職は難しい。
　　a．ならば　　b．でないと　　c．と思えば　　d．であると

(4) 社員は会社から給料もらう_____、労働力を提供する。
　　a．かわりに　　　　　　　b．までもなく
　　c．のにくらべて　　　　　d．ばかりに

(5) 体調の悪いときは、決して無理を_____休みましょう。
　　a．してでも　　b．しないで　　c．しても　　d．すれば

(6) 必ずしも高学歴の人が稼いでいる＿＿＿＿＿。
 a．にきまっている　　　　　b．にちがいない
 c．わけである　　　　　　　d．わけではない

(7) 親友にかかわることだから、見て見ぬ振りを＿＿＿＿＿。
 a．しないでもない　　　　　b．しないはずがない
 c．するわけにはいかない　　d．することがない

(8) 現地スタッフと地域住民との協力＿＿＿＿、生活改善プログラムを進めています。
 a．のうちに　　b．のゆえで　　c．のもとで　　d．のしたで

(9) 村井先生は、30年＿＿＿＿英語教師の育成に携わってこられました。
 a．にわたって　b．にかけて　c．にかかって　d．において

(10) このカメラは軽くてコンパクトである＿＿＿＿、水中撮影が可能です。
 a．にかぎらず　　　　　　　b．にとまらず
 c．にこだわらず　　　　　　d．にもかかわらず

日本語能力試験2級形容詞IIリスト

曖昧	危険	幸福	丈夫
明らか	貴重	公平	真剣
新た	気の毒	幸い	深刻
哀れ	急	盛ん	新鮮
安易	急激	さまざま	慎重
安心	急速	さわやか	好き
安全	巨大	残念	すてき
意地悪	気楽	幸せ	素直
いや	きれい	静か	スマート
おしゃれ	けっこう	自然	清潔
穏やか	謙虚	地味	贅沢
温暖	健康	邪魔	積極的
快適	厳重	自由	率直
確実	賢明	重大	粗末
過剰	幸運	重要	退屈
勝手	高価	主要	大事
かわいそう	豪華	純情	大切
感心	高級	純粋	大変
完全	公正	上手	平ら
簡単	高等	上品	確か

丁寧	卑怯	便利	優秀
〜的	必要	豊富	有能
適切	皮肉	朗らか	有名
適当	微妙	まじめ	有利
手頃	不安	まっ赤	愉快
でたらめ	不潔	まっさお	豊か
得意	不幸	まっ白	陽気
特殊	不思議	まっすぐ	幼稚
なだらか	不自由	まれ	余計
生意気	不正	みごと	楽
苦手	物騒	妙	乱暴
賑やか	不便	無駄	利口
熱心	不満	無理	立派
のんき	平気	明確	冷静
派手	平凡	迷惑	わがまま
ハンサム	平和	面倒	わずか
比較的	下手	厄介	

日本語能力試験2級漢字表

ア行

愛、悪、圧、安、案、暗、以、衣、位、囲、医、依、委、胃、移、異、偉、意、違、域、育、一、引、印、因、員、院、飲、右、宇、羽、雨、運、雲、永、泳、英、映、栄、営、鋭、易、液、駅、越、円、延、園、煙、遠、塩、演、汚、王、央、応、押、欧、奥、横、屋、億、音、温

カ行

下、化、火、加、可、仮、何、花、価、果、河、科、夏、家、荷、菓、貨、過、靴、歌、課、画、介、回、灰、会、快、改、海、界、皆、械、絵、開、階、解、貝、外、害、拡、各、角、革、格、覚、較、確、学、楽、額、活、割、干、刊、甘、汗、完、官、巻、看、乾、寒、換、間、感、漢、慣、管、関、環、館、簡、観、丸、含、岸、岩、顔、願、危、机、気、希、祈、季、記、起、帰、基、寄、規、喜、期、器、機、技、疑、議、喫、詰、客、逆、九、久、旧、休、吸、求、究、泣、急、級、救、球、給、牛、去、巨、居、許、魚、御、漁、共、叫、京、供、協、況、挟、狭、恐、胸、強、教、境、橋、競、業、曲、局、極、玉、均、近、金、勤、禁、銀、区、苦、具、空、偶、隅、掘、君、訓、軍、群、兄、形、係、型、計、経、敬、景、軽、傾、警、芸、迎、劇、欠、血、決、結、月、犬、件、見、券、肩、建、研、県、軒、健、険、検、権、賢、験、元、言、限、原、現、減、戸、古、呼、固、故、枯、個、庫、湖、雇、五、互、午、後、語、誤、口、工、公、広、

交、光、向、好、考、行、更、効、幸、肯、厚、紅、荒、郊、香、候、校、耕、航、降、高、康、黄、港、硬、鉱、構、講、号、合、告、谷、刻、国、黒、骨、込、今、困、根、婚、混

サ行

左、査、砂、差、座、才、再、妻、採、済、祭、細、菜、最、歳、際、在、材、財、罪、作、昨、咲、冊、札、刷、殺、察、雑、皿、三、山、参、産、散、算、賛、残、子、支、止、仕、史、司、四、市、死、糸、伺、志、私、使、刺、始、姉、枝、思、指、師、紙、脂、詞、歯、試、資、誌、示、字、寺、次、耳、自、似、児、事、治、持、時、辞、式、識、七、失、室、湿、質、実、写、社、車、者、捨、借、若、弱、手、主、守、取、首、酒、種、受、授、収、州、舟、周、拾、秋、修、終、習、週、集、十、住、柔、重、祝、宿、出、述、術、春、純、順、準、処、初、所、書、暑、署、緒、諸、女、助、除、小、少、召、床、招、承、昇、将、消、笑、商、章、紹、勝、焼、象、照、賞、上、条、状、乗、城、常、情、場、畳、蒸、色、食、植、触、職、心、申、伸、臣、身、辛、信、神、真、針、深、進、森、寝、新、震、親、人、図、水、吹、数、世、正、生、成、西、声、制、姓、性、青、政、星、省、清、晴、勢、精、製、静、整、税、夕、石、赤、昔、席、責、積、績、切、折、接、設、雪、節、説、絶、千、川、占、先、専、泉、浅、洗、船、戦、線、選、全、前、善、然、祖、組、双、早、争、走、相、草、送、捜、掃、窓、装、想、層、総、操、燥、造、像、増、憎、蔵、贈、臓、束、足、則、息、速、側、測、族、続、卒、率、存、村、孫、尊、損

タ行

他、多、打、太、対、体、待、退、帯、袋、替、貸、大、代、台、第、題、宅、濯、達、担、単、炭、探、短、団、男、段、断、暖、談、地、池、知、値、恥、遅、置、竹、畜、築、茶、着、中、仲、虫、宙、注、昼、柱、駐、著、貯、庁、兆、町、長、張、頂、鳥、朝、超、調、直、沈、珍、賃、追、通、痛、低、弟、定、底、庭、停、程、泥、的、滴、適、鉄、天、店、点、展、転、田、伝、殿、電、徒、途、都、渡、塗、土、努、度、怒、冬、灯、当、投、東、到、逃、倒、凍、島、党、盗、塔、湯、登、答、等、筒、頭、同、動、堂、童、道、働、銅、導、特、得、毒、独、読、突、届、鈍、曇

ナ行

内、南、軟、難、二、肉、日、入、乳、任、認、熱、年、念、燃、悩、能、脳、農、濃

ハ行

波、破、馬、拝、杯、背、配、敗、売、倍、買、白、泊、薄、麦、爆、箱、畑、肌、八、発、髪、抜、反、半、犯、判、坂、板、版、般、販、飯、晩、番、比、皮、否、批、彼、非、飛、疲、被、悲、費、美、備、鼻、匹、必、筆、百、氷、表、評、標、秒、病、猫、品、貧、不、夫、父、付、布、府、怖、負、浮、婦、符、富、普、膚、武、部、舞、封、風、服、副、幅、復、福、腹、複、払、沸、仏、物、粉、分、文、聞、平、兵、並、米、片、辺、返、変、編、便、勉、歩、保、捕、補、母、募、暮、方、包、宝、抱、放、法、訪、報、豊、亡、忙、坊、忘、防、望、帽、棒、貿

暴、北、木、本

マ行

磨、毎、妹、枚、埋、末、万、満、未、味、民、眠、務、無、夢、娘、名、命、明、鳴、面、綿、毛、目、門、問

ヤ行

夜、野、役、約、薬、由、油、輸、友、有、勇、郵、遊、優、与、予、余、預、幼、用、洋、要、容、葉、陽、溶、腰、様、踊、曜、浴、欲、翌、

ラ行

来、頼、絡、落、乱、卵、利、理、裏、陸、立、律、略、流、留、粒、旅、了、両、良、料、涼、量、領、療、力、緑、林、輪、涙、類、令、礼、冷、戻、例、零、齢、歴、列、恋、連、練、路、老、労、六、録、論

ワ行

和、話、湾、腕

第17課　説明

単語帳

ポスト　モチベーション　トータル　メンタル　ステイタス/ステータス　レイアウト　トイレットペーパー　ピンイン　リソース

病　渦　経緯　名刺　方針　景気　勤労　意欲資質　至上　給与　手法　定期　痛手　期限　賃金　中堅　戦略　精神　障害　支障　余儀　拍車　格差　以後　史実　証拠　業績　労災件数　一因　図表　出典　下線　囲み　見出し　模造紙　編集長　言い訳　帰り道　産業界　氏　時点　従業員　若年層　中高年　管理職　集合体　生産性　人件費　既得権　やる気　年功制　年功序列　終身雇用　成果主義　バブル崩壊　コスト削減　至上命題　働きざかり　後戻り　非難　改革　支配　謝罪　前述　自殺　倍増　試行錯誤　欠如　変革　模索　昇給　象徴　圧縮　導入　請求　浸透　作業組織　就活　就労　昇給　裁量低迷　絶望　謙虚　閉鎖　追及　逆ギレ　爆笑　総評　段組み　下書き　講評　-増　余儀ない　手厚い　危うい　否めない　永遠　婉曲　単純　多大　見事　無関係　必然的　合理的　自主的　なお　ほぼ　相変わらず　わりとまさに　いちはやく　瞬く間に　更なる

迫る　去る　瞬く至る　招く　もたらす　否む　代わる　報いる　達する　報いる　引き出す　打ち砕く　引き下げる　張り出す　勝ち取る　ひっぱる　見出す　足をひっぱ　拍車をかける　話を切る

厚生労働省　横浜　富士通　シンデレラ

文法リスト

[V]（よ）う＜推測＞
～中（で）＜状況＞
[V]ざるをえない＜唯一的選択＞
[N]に至る/至って＜達到＞
[Vる]だけの[N]＜相応条件＞
[N]に代わって／[N]に代わる＜替代＞
[V（連用）]っこない＜不可能＞

[N]にそ（沿）って／[N]にそ（沿）う＜动作的方向、依据＞
[A]てたまらない＜極端的心理、生理状態＞
～ほど＜比例変化＞
～どころか＜相反＞
[N]を余儀なくされる＜被迫＞

I. 文字・词汇・语法

1. 次の下線部の漢字の読み方をひらがなで書きなさい。

   (1) 容疑者を逮捕するための証拠が不十分である。
   (2) 新聞に加害者の被害者への謝罪の言葉が載っていた。
   (3) 会社の方針に疑問を感じることがある。
   (4) 明治維新以後、日本の近代化は急速に進んだ。
   (5) 史実に基づいて製作されたこの映画は大好評だった。
   (6) 犯人を処罰するためには、告訴が必要です。
   (7) 年齢に応じて地位や賃金が上がる日本独特の年功序列も変わりつつある。
   (8) 人件費の圧縮を図る企業が増えている。
   (9) 経営基盤のしっかりした会社への脱皮を図るには、更なる努力が必要だ。
   (10) 若年層の消費意識を把握するために、調査を実施した。

(1)	(2)	(3)	(4)	(5)
(6)	(7)	(8)	(9)	(10)

2. 次の下線部のひらがなを漢字に直しなさい。

   (1) 鳩は平和のしょうちょうだとされている。
   (2) 両国は石油価格をめぐってこうしょうを始めた。
   (3) 私の不注意のために、周りの人もひなんされた。
   (4) しこうさくごを繰り返して、ようやく納得できる作品ができた。
   (5) 会社の経営は、思っていたよりじゅんちょうです。
   (6) えんきょく的な表現は、かえって誤解されることがある。
   (7) 科学者は、問題の解決法をもさくをしている。
   (8) 日本では、その場の空気が読めない人を排除するけいこうがある。
   (9) 二国間の争いのうずに巻き込まれたくない。
   (10) 食事までご馳走になって、本当にきょうしゅくしています。

(1)	(2)	(3)	(4)	(5)
(6)	(7)	(8)	(9)	(10)

3．次の＿＿＿に入れるのに最もよいものをa～dから一つ選びなさい。

(1) 向上心の強い人でも、常に高い＿＿＿を維持するのは、相当大変なことだ。
　　a．メンタル　　b．ストレス　　c．バランス　　d．モチベーション
(2) 人の外見と内面の＿＿＿に驚いたことが少なからずある。
　　a．ポスト　　b．コスト　　c．ギャップ　　d．トータル
(3) 人にはそれぞれ＿＿＿があるから、それを考慮して対応する必要がある。
　　a．事態　　b．事情　　c．事実　　d．事項
(4) 日本はデフレと円高に苦しみ、長期にわたって経済が＿＿＿している。
　　a．低迷　　b．痛手　　c．削減　　d．格差
(5) ストレスに起因する症状が長く続き、日常生活に＿＿＿が出ている。
　　a．万障　　b．身障　　c．障害　　d．支障
(6) インフルエンザの大流行は間近に＿＿＿いると言われています。
　　a．招いて　　b．抱えて　　c．迫って　　d．つながって
(7) 時間の経つのは本当に早く、一学期が＿＿＿間に過ぎてしまった。
　　a．またたく　　b．うなずく　　c．おいつく　　d．はばたく
(8) いじめはどこでも起こり得るという認識が＿＿＿している。
　　a．欠落　　b．欠如　　c．欠陥　　d．補欠
(9) みんなの足を＿＿＿ように頑張ります。
　　a．引っ込まない　　　　　b．ひっくり返さない
　　c．ひっかからない　　　　d．引っ張らない
(10) 肉食が水の枯渇に拍車を＿＿＿いると言われている。
　　a．突き出して　　b．引き出して　　c．つけて　　d．かけて

4．次の（　）に適当な助詞を入れなさい。

(1) 先生（　）（　）（　）依頼だから、断りにくい。
(2) 道（　）込んでいたので、30分遅れてしまった。
(3) 同時通訳なんて私（　）（　）できっこないよ。
(4) この骨董品（　）（　）、明代のものと断定できる（　）（　）の証拠はないようです。
(5) 先週（　）（　）半袖を着ていたのに、ここ2、3日で急に寒くなった。
(6) 下線部の会話を参考（　）して、自由（　）話してください。
(7) お祝いのスピーチは、王さん（　）お願いすること（　）した。

(8) 子供の頃叔母（　　）教わったフランス語を、今でも覚えている。

(9) この考えを今回の作品（　　）反映させたいと思う。

(10) 産業界をリードする企業（　　）（　　）、地球温暖化防止策を積極的に導入しようとする姿勢がある。

(11) こうした犠牲を減らす（　　）（　　）、成果主義の更なる改善が必要だ。

5．次の_____に入れるのに最もよいものを、a～dから一つ選びなさい。

(1) 低い山に登るにしても、十分注意しなければ膝を_____。
　　a．痛めっこない　　　　　　b．痛めようがない
　　c．痛めようがない　　　　　d．痛めかねない

(2) 急に大雨が降り出したので、試合は中止_____。
　　a．せざるをえなかった　　　b．しざるえなかった
　　c．しがたいことだった　　　d．しないものでもなかった

(3) 谷_____流れる小川の岸辺には、たくさんの花が咲いている。
　　a．によって　　b．にかわって　　c．にとって　　d．にそって

(4) A：「さっき頼んだコーヒー、まだですか。」
　　B：「今、_____」
　　a．お持ちします　　　　　　b．お持ちになりますか
　　c．お待たせしました　　　　d．待たされました

(5) たった1回では、この本の内容をとても説明_____。
　　a．しうる　　b．しそうだ　　c．したはずだ　　d．しきれない

(6) 月には水がない_____、至るところ岩ばかりである。
　　a．だけで　　b．ところで　　c．ところに　　d．どころか

(7) ブーツにすっぽり入った子猫がかわいくて_____。
　　a．いけない　　b．できない　　c．たまらない　　d．いえない

(8) 生活が便利になる_____運動不足になる傾向がある。
　　a．だけ　　b．ほど　　c．ばかり　　d．せい

(9) 震災により休業を_____労働者に失業手当てを支給できる制度が必要だ。
　　a．余儀なくされた　　　　　b．せずにはいられない
　　c．余儀なくする　　　　　　d．したくてたまらない

(10) 不思議な_____、会社をやめたらよく眠れるようになった。
　　a．ことに　　b．せいで　　c．ものから　　d．ばかりに

6．次の＿＿＿＿の言葉に意味が最も近いものを、a～dから一つ選びなさい。

(1) 夕べ、突然友達に来られて勉強できませんでした。
   a．あんなものをみんなの前に持って来られると困る。
   d．私が来られるのは月、水、金の午前中だから、このコースにします。
   c．新しい先生はいつ大学に来られますか。
   d．来月の同窓会は土曜日ですけど、田中さんは来られるかな。

(2) どういうわけですか。はっきり説明してください。
   a．これは私にはまったくわけが分からない絵です。
   b．彼はわけの分かった人です。
   c．彼女にさっき泣いていたわけを聞いた。
   d．二人だけの秘密なので、誰も知らなかったわけです。

(3) まだ8歳の子供に、一人で新幹線で祖母の家に行けというのは無理です。
   a．みんなに嫌われるのは無理もないですね。
   b．この仕事を一日で終わらせるのは、まだ新人の王さんに無理です。
   c．子供を無理に塾に行かせる親は多いようです。
   d．10時間以上無理に働いたら体を壊すよ。

(4) 社会に出ると、いろいろな困難が待っています。
   a．いつ大学を出ましたか。
   b．上海行きの急行は午後2時に出ます。
   c．親とけんかして家を出て一人で暮らしている。
   d．ここ数年、政界に出る女性が多くなった。

(5) この電気炊飯器には一年間の保証がついている。
   a．昨日、汽車が何時についたのですか。
   b．先生の後について読んでください。
   c．そんなことありえない。ウソをついているに違いない。
   d．新しい薬に説明書きがついています。

(6) このままでは単位をあげないと先生に言われました。
   a．家族は社会の単位を考えられています。
   b．君の計算は単位が違っています。
   c．1時間単位でボートを借ります。
   d．彼は卒業に必要な単位が取れなかった。

7．次の文を完成しなさい。

(1) _____なんて、とてもわかりっこない。

(2) _____時のことが懐かしくてたまらない。

(3) テレサさんの母親は中国人なので_____はずです。

(4) こんなにひどい雨では、おそらく_____。

(5) _____、TOFELを受けざるをえない。

(6) まいったな、_____。

(7) 年収800万円の彼には、_____だけの能力がある。

(8) 今までの計画にそっていけば、_____。

(9) _____と言えよう。

8．次の □ から最もよいものを選び、適当な形に直して文を完成しなさい。

| 気になる　気にする　気がつく　気をつける　気が弱い |

(1) 家を出た後で、窓が開いていることに_____。

(2) 夏の暑さに負けないよう、くれぐれも健康に_____ください。

(3) 中年の私は体重が_____しかたがない。

(4) それは単なるうわさだから、_____ことはない。

(5) いくつかの学校で_____生徒がいじめられているという話を聞いた。

9．次の文の __★__ に入る最もよいものをa～dから一つ選なさい。

(1) _____ __★__ _____ _____ を接続してください。
　　a．手順に　　b．以下の　　c．プリンタ　　d．そって

(2) 人件費の削減は、_____ _____ _____ __★__ コスト削減策だ。
　　a．低迷する　　b．業績が　　c．安易な　　d．企業の

(3) 賃金の年功序列型から成果主義への転換は、＿＿＿ ＿＿＿ ＿＿＿ ★＿＿＿なるであろう。
   a．カギに   b．意欲を   c．社員の   d．喚起させる

(4) A社は、古い体質の＿＿＿ ＿＿＿ ＿＿＿ ★＿＿＿だれも考えつかなかった方式で経営を行っている。
   a．起こす   b．革命を   c．くらいの   d．産業界に

(5) 社員のモチベーションを＿＿＿ ★＿＿＿、＿＿＿ ＿＿＿足を引っ張っていたわけだ。
   a．どころか   b．かえって   c．現場の   d．高める

(6) ＿＿＿ ＿＿＿ ★＿＿＿、＿＿＿諦めるという結論に至った。
   a．留学を   b．結果   c．さんざん   d．悩んだ

(7) 洪水のため、＿＿＿ ＿＿＿ ＿＿＿ ★＿＿＿となった。
   a．余儀なくされる   b．避難を
   c．事態   d．数千人が

(8) 彼とお酒を飲んだら、＿＿＿ ＿＿＿ ★＿＿＿ ＿＿＿ストレスがたまってしまう。
   a．気分転換に   b．どころか   c．余計に   d．なる

(9) 危機管理ができないのは、社内のコミュニケーションの不足や、＿＿＿ ＿＿＿ ★＿＿＿ ＿＿＿である。
   a．責任と裁量の   b．欠如が   c．原因   d．バランスの

(10) この製品は、＿＿＿ ＿＿＿ ★＿＿＿ ＿＿＿として注目されている。
   a．代わる   b．コンピュータに
   c．新型機器   d．今後

10. 次の中国語を日本語に訳しなさい。

   (1) 事到如今，事情已经无法挽回。

   (2) 马上就要见到10年没见的老同学了，真是激动不已。

   (3) 他身体那么弱，怎么可能一口气游1000米呢。

(4) 他在城市长大，别说是蟋蟀，就连牛也没有见过。

(5) 谢谢你帮我挑礼物，妈妈非常开心。

(6) 首先得有能够生存下去的收入，然后才能做自己想做的事儿。

(7) 真的非常抱歉，一时疏忽忘记给您回邮件了。

(8) 你的意见确实有一定的道理，不过最好还是大家再充分讨论一下。

(9) 作为一名正值上升期的选手，他接下来的表现更加令人期待。

(10) 有时候幸福就像握在手里的沙子，握得越紧越容易失去。

Ⅱ．听力

1. 録音を聴いて、正しい答えをa～dから一つ選びなさい。

(1)

 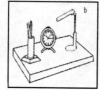 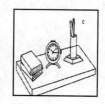 

(2)

(3)

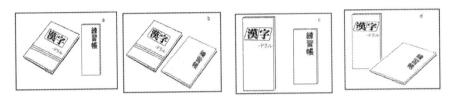

(4)

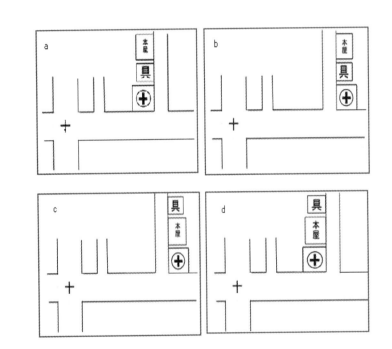

2．録音を聴いて、内容と合っていれば〇、合っていなければ×を（ ）に書きなさい。

（　）（1）男の親戚は中国と日本にいる。
（　）（2）日本と中国の文字は深い関係があると述べられている。
（　）（3）女の出身は広東省だ。
（　）（4）日本の地域によって味が違う。

3．問題の文を聴いてそれに対する正しい返答を1～3から最もいいものを一つ選びなさい。

(1) _____ (2) _____ (3) _____ (4) _____

Ⅲ．阅读

小学校1年生から国語辞典を引くことで、子供の考える力を養うユニークな学習法に京都市のT小学校が取り組んでいる。

「この問題わかるかな？」

4年生の教室をのぞくと、子供たちが元気に手を挙げていた。算数の時間にもかかわらず、どの机にも付せんがびっしり張られた国語辞典が載っている。

休み時間に話を聞くと、子供たちから口々に「辞書はよく引く」「算数の時間でもわからないことがあったら引くよ」といった答えが返ってきた。

同校教頭のYさんは、小学校1年生からの辞書引き学習法を提唱している。始めたのは約15年前。愛知県の公立小学校で教えていたころ、女子児童の一人が百科事典を持ち込んで、様々な授業で使っているのを見たのがきっかけだという。

現在ほとんどの小学校では、辞書の引き方を学ぶのは3年生以上。（イ）、Yさんによると「ひらがなが読めれば辞書は引ける。実際に使わせてみると、低学年の子供のほうが興味を持って辞書を引く」。同校では1年生の5月から国語辞典を使わせている。

国語の時間に限らず、子供たちは常に国語辞典を手元に置き、ひとつの単語を調べたり読んだりするごとに付箋を張る。自分がどれだけ調べたかがはっきり見えるため、やる気も出る仕組みだ。給食時間まで辞書を引く子もいる。

辞書は通常「（ロ）」と思いがち。しかし低学年の子供は、辞書を与えられると、まず自分が知っている言葉を調べて喜び、次に自分が思っていたのと違う意味もあることを知るなどして、言葉への感性を磨いていく。Yさんは「もっと知りたい、と物事を知ろうとするきっかけになる」と話す。

さらに、同校では何種類かの辞書を自由に選ばせているため、子供たちは互いの辞書に興味を持ち、読み比べることで、調べたり考えたりする力だけでなく、物事を（ハ）に見る力も養われている。

質問

(1) 次のa～dの中から、（イ）に適当な接続詞を選んで入れなさい。
　　a．しかも　　　b．一方　　c．しかし　　　d．ゆえに

(2) 次のa～dから、（ロ）にあてはまる適切なものを選びなさい。
　　a．わからない言葉を引くもの
　　b．国語の時間に引くもの
　　c．3年生になってから使うもの
　　d．ひらがなが読めるようになってから引くもの

(3) 次のa～dから、（ハ）にあてはまる適切な言葉を選びなさい。
　　a．主観的　　　b．抽象的　　c．絶対的　　d．批判的

最後に会話文と読解文を読み直して、_____を埋めなさい。

ユニット1　会話 説明します

三好　あのさ、ちょっと相談なんだけど…。僕の叔父が仲間と西安から敦煌を旅行_____ね…。

王　シルクロードは人気のようだね。テレビでもよく_____し。

三好　うん…でね、叔父は少し中国語を勉強してるんだけど、ぜひ旅行の前に中国の学生さんにいろいろ解説_____って言うんだ…。

劉　いろいろねえ…。そんなこと、私には_____よ。

三好　お前なら友だちがいるじゃないか、頼んだぞって_____さ。叔父はものすごく_____なんだ。僕、苦手でね。断れなくて、_____…。

王　ついって、_____もう引き受けちゃったの？

三好　ごめん…。中国に行くのは全員初めてだし、中国人と話したこともないから_____って…。すみません、_____。

劉　もう、三好さんたら、_____…で、いつ？

三好　わあ、ありがとう！土日ならいつでも_____って。

劉　じゃ、来週の土曜か日曜ね。

王　僕も_____ようだなあ。日曜ならバイトもないし。

三好　_____ー！

（会場のある市民会館で。三好が待ち合わせ場所に遅刻したので3人は開始5分前に到着）

三好　叔父さん、遅くなってすみません。突然友だちに_____…。…（二人に）叔父です。叔父さん、劉さんと王さんです。

叔父　学の叔父の三好です。（名刺を渡す）お休みの日に_____ですが、今日は_____。

劉・王　こちらこそよろしくお願いします。

叔父　学、_____ぞ、遅刻してお待たせするなんて。

三好　はい…。劉さん、王さん、ごめんなさい。

叔父　友だちが来たから遅れたなんて_____ぞ。…すみませんね、学は_____んでしょう。

王　はい…。あ、いいえ！

三好　_____…。

叔父　ええと、学、資料は？コピーしてこようか。

三好　えっ、資料？と、_____…ないよね…。

劉　う、うん…。

叔父　最初にお二人に30分程度のお話を_____って言っただろう？

王　お、お話？！

叔父　ちゃんとこっちの言ったとおりに_____のか。

三好　そ、_____…。ああっ！____…。

劉　あの、学さんに司会をしていただいて、質問会みたいに_____どうでしょう。質問にそってお話する方がこちらも_____ですし。

王　ええ、僕も_____というのは_____…。

叔父　そうですか。まったくこれのせいで、_____。じゃ、_____ので、そろそろお願いします。
学、会場は3階の大会議室だから、_____。

三好　大会議室？！

叔父　今日は旅行に行かない人も含め、50人ぐらい集まっているんだ。

三好　50人？！わあ、_____！

（質問会）

A　あのう、中国は漢字の国だから、漢字を書けば大体_____と聞いたことがあるんですけど…_____。

劉　うーん、_____…。例えば「手紙」と書いて見せたらトイレットペーパーがほしいと思われるかもしれませんが。

A　ええっ！_____。ほかにも同じような言葉はありますか？

劉　　ええと…中日で_____ですが…。あ、そうだ「告訴」と書いてあったらこれはただ「_____」という意味です。それから、「娘」は母親の意味になりますね…。

A　　え、そうだったんですか…。やっぱり_____…。

B　　すみません、「シルクロード」って言って_____か。

王　　_____。西安、敦煌も発音は中国式でないと。

B　　そうか、そうですよね…。あ、ガイドブックにピンインがついてない！

C　　あの、西安というのは唐の長安と同じ場所なのですか。

王　　ええ、現在の西安とは少し_____と考えられているようです。

C　　遣唐使の阿倍仲麻呂は長安で李白と会ったことがあるでしょうか。

劉　　あるかもしれませんが、史実といえるだけの_____はなさそうです。

（質問会の帰り道）

三好　今日は本当にありがとう。出席者に_____のも、劉さんと王さんのおかげだよ。では、これより_____にご案内します！

劉・王　やったー！

ユニット2　読解　年功制から「成果主義」導入へ

○日本企業が成果主義を_____のは1990年代前半からだった。

○_____によって痛手を受けた各社は、二つの意味で変革を_____いた。

○一つは「年功序列・終身雇用」という日本型経営への自信が_____、これに代わる新たなシステムが_____されていたこと。

○成果主義なら、この二つの要件を_____ことができる。

○がんばった者に手厚い給与やポストで_____欧米型の経営手法は、きわめて_____かつ_____であり、社員のモチベーションを_____ことができる。

○組織がその集合体になれば、必然的に生産性が_____する。

○しかも定期昇給の_____は減るし、がんばらなかった者の給与を_____こともできるから、_____見れば人件費の圧縮に_____。

○その結果、「お荷物」の社員が絶望して自主的に会社を去ってくれれば、_____…。

○つまり、_____になった日本型経営を捨て、いちはやく成果主義による賃金制度を導入することが、社内を_____させるカギになると考えられたのである。

○実際、同制度はまたたく間に_____した。

○厚生労働省の「就労条件総合調査」によれば、2001年時点で「業績評価制度があり、それを給与に_____いる企業」は全企業の45.7％に達している。
○とくに社員1000人以上の大企業では78.2％、300〜999人の_____でも71.0％だ。
○産業界を_____する企業ほど、積極的に導入している_____がうかがえよう。
○だがその結果、企業は成長戦略を描けたかといえば、そのようなことはなかった。「失われた10年」という言葉に象徴されるとおり、長期低迷を_____。
○景気そのものが低迷していたという_____はあるが、成果主義の導入がそれに_____感は_____。
○その問題点として「従業員の評価に対する_____」（32.9％）、「評価によって_____の低下を招く」（26.5％）、「従業員間の賃金の_____が_____する」（25.5％）などがあげられている（複数回答）。
○_____を引き出すどころか、かえって現場を_____、やる気を失わせ、_____形になっていたわけだ。
○07年の「就労条件総合調査」によると、「_____評価制度がある企業」は45.6％で01年調査時と_____変わらない。ただ社員1000人以上の大企業については82.5％まで増えている。
○このうち、「うまくいっている」としている企業は20％まで_____。_____の末、ようやくシステムとして_____きたのかもしれない。
○ただし、「評価結果に対する_____の納得が得られない」（28.5％）、「評価によって勤労意欲の低下を招く」（22.9％）などの問題点は_____だ。
○また「個人業績を重視するため、グループやチームの作業に_____」（13.1％）という問題も起きている。
○さらに気になるのは、社員の_____の危うさだ。社会経済生産性本部が06年に行った調査によると、過去３年間で「心の病」を_____社員が「増加傾向にある」と回答した企業が６割を超えた。しかも_____で見ると、圧倒的に多いのが働きざかりの30歳代だという。
○社内コミュニケーションの_____や、責任と裁量の_____が一因であると同本部は分析している。
○厚生労働省によると、精神障害関係の労災請求件数は年々_____増加しており、06年度は前年度より約25％増の819件。
○このうち自殺_____たケースは176件にのぼっている。これらの結果は、成果主義の導入と_____だろう。

○社員に多大なストレスを_____ことは間違いない。

○だが、_____はできない。こうした犠牲を減らすには、成果主義の_____改善が必要だろう。

○富士通での_____経験を経た前述の城繁幸氏は、「若年層を評価する中高年の管理職層の_____こそ重要」と説く。

○しかし、実際には「成果主義を導入した企業には世代の_____がある」と_____し、以下のように述べている。

○「若年層は年功序列世代から一方的に_____を要求され、_____を課され、しかも支配する側のステイタスは永遠に_____」。

○中高年層の「既得権」を_____壊し、意識改革を_____――年功制に戻せないなら、若年層が_____道はそれしかないのかもしれない。

第18課　発表

単語帳

エネルギー　セミナー　ロボット　コンパニオン　アニマル　コンパニオン　アニマル　セラピーブック　ボーダーレス　ポップミュージック　ミュージック　キャラ　アーチ　コピペ　メモリー　手元　前期　前後　前提　横ばい　上位　本論　推論　技法　論理　理性　誤読誤字　脱字　意図　文体　丁寧体　読み手　語り手　文言　漢文調　主題　流れ　段落　文頭　逆接　一考察　一端　一点　一晩　出典　事典　通称　比率　接続語　箇条書き　相関性　切り貼り　態度　未知　含意　方向　無断　母語話者　世論調査　内閣府　鳥類　魚類　核家族　欧米　潤い　安らぎ　防犯留守番　愛玩　伴侶　喪失感　首相　大臣　官房　広報　書籍　情操　素人動機　胡弓　楽曲　島歌　指示器　中古　肩すかし　恥ずべき　他人　次第　発信源　水滴　進路　見通し　無意識　好感度　努力家　不動産屋　持ち込み　円相場　折り鶴　アーチ状　虹　橙　藍　紫　気象庁　関連　共有　改行　飼育　急増　明記　収集　会釈　考察　愛護　参照　修正左右　剽窃　反発　進入　挿入　省略　深化　演説　周知　過剰　予想　契約痛感　勘違い　刊行　後悔　誤解　屈折　補強　推敲　
著しい　重々しい　濃い　幼稚　和やか　危険　むやみに　的確　明らか　もはや　明晰　妥当　対等　荘重　滑稽　不要　冗漫　客観的　勤勉　中途半端　即座　とうとう　あたかも　あまり　もとより　及び　さて　
当たる　まぎれる　やわらぐ　守る　報じる　促す　記す　除く　達する　うなずく　越す　込める　向ける　高める　関連付ける　根付く　－付ける　値する　反する　削ぐ　比する　ものす　折れ曲がる　折る　肩すかしをくらう　肝に銘じる　－調　－部　－台

文法リスト

～あまり＜程度高＞
～というより＜選択更合适的表達方式＞
[Vる／Vている／Vた]限り(では)＜范围＞
[N]なり＜相応的状態、行為＞
かといって＜転折＞
～に越したことはない＜最理想＞
～か～ないかのうちに＜前后動作＞
[N／Vる]に際して＜時間＞
[V]かねる＜困難＞
[N]に反して＜違背＞
[N]だらけ＜遍布＞

～からには＜既然＞
[Vる]につけ＜毎当＞
[V]次第だ＜発展結果＞
～にほかならない＜无他＞
[V]たいところですが＜难以实现的愿望＞
[N]によっては＜可能性＞
たとえ～ても＜让步＞
～はもとより＜代表性事物＞
～というものではない＜否定意見＞
[N]を込めて＜凝聚＞

第18課 発表

Ⅰ. 文字・詞汇・語法

1. 次の漢字の読み方を、ひらがなで書きなさい。

   (1) 失う　喪失感　　　　　　(2) 除く　削除

   (3) 後悔　悔い　　　　　　　(4) 傾ける　傾向

   (5) 値する　価値　　　　　　(6) 首相　手相

   (7) 情けない　情況　　　　　(8) 滑る　滑稽

   (9) 素人　素直　素質　　　　(10) 和らぐ　和食　大和民族

2. 次の下線部のひらがなを漢字に直しなさい。

   (1) 村人の生活のじったいを知るために、調査を行うことにした。
   (2) 患者の状態に合わせて漢方薬や新薬をもちいて治療を行っている。
   (3) どうぞお手元の資料をごさんしょうください。
   (4) 中国経済はいちじるしい発展を遂げた。
   (5) 日本人は昔からきんべんだ。
   (6) 収入に対する交際費のひりつを計算する。
   (7) 人口のぞうかに伴って、貧富の差も広がりつつある。
   (8) 経済成長は中流階級の拡大をうながしている。
   (9) 首脳会議で、合計で十数億ドル規模の基金づくりに合意するみとおしだ。
   (10) 1900年頃から日本にクリスマスがていちゃくしたと言われている。

(1)	(2)	(3)	(4)	(5)
(6)	(7)	(8)	(9)	(10)

3. 次の_____に入れるのに最もよいものを、a～dから一つ選びなさい。

   (1) 卒業論文の研究計画書及び_____の提出日は下記のとおりです。
   　　a．ポイント　　b．レジュメ　　c．マスコミ　　d．ロボット
   (2) 運転手はけがをして病院で_____を受けたが、命に別状はないという。

　　　　　a．手頃　　　　b．手前　　　　c．入れ　　　　d．手当て
（3）この事故で得た多くの貴重な教訓を＿＿＿に銘じ、今後の対策に生かしていきたいと思います。
　　　　　a．腹　　　　　b．体　　　　　c．肝　　　　　d．頭
（4）この傾向は、世界経済が一段と厳しい時期を迎えることを＿＿＿している。
　　　　　a．急増　　　　b．推移　　　　c．逆転　　　　d．示唆
（5）電話相談により、＿＿＿トラブルが解消できるようになっている。
　　　　　a．即席に　　　b．即座に　　　c．即日に　　　d．即断に
（6）弁護士から、慰謝料は10万円が＿＿＿だとのアドバイスを受けた。
　　　　　a．明晰　　　　b．妥当　　　　c．冗漫　　　　d．荘重
（7）豊かな自然と一体となって質の高い時を過ごせる生活空間をご＿＿＿したい。
　　　　　a．提案　　　　b．展開　　　　c．観察　　　　d．投票
（8）失恋して落ち込んでいる友人をどうやって＿＿＿いいか分からなかった。
　　　　　a．からかったら　　　　　　　b．ながめたら
　　　　　c．なぐさめたら　　　　　　　d．かたづけたら
（9）高校授業料の無償化について2点＿＿＿。
　　　　　a．伺いたい　　b．承りたい　　c．承知したい　　d．かしこまりたい
（10）家族の話題には一切＿＿＿ようにしている。
　　　　　a．押さない　　b．覆わない　　c．触れない　　d．控えない

4．次の説明に合っているものを、a～dから一つ選びなさい。
（1）ものごとが思うようにならなくて、怒り出しそうなようす。
　　　　　a．どきどき　　b．いらいら　　c．のろのろ　　d．にこにこ
（2）通勤や通学をする人で交通機関が混雑する朝の時間帯。
　　　　　a．ラッシュアワー　　　　　　b．オートメーション
　　　　　c．スケジュール　　　　　　　d．プラットホーム
（3）必要以上にお金をかけて暮らすようす。
　　　　　a．豊富　　　　b．上品　　　　c．贅沢　　　　d．金持ち
（4）細かい作業や仕事をうまく処理すること。
　　　　　a．謙虚　　　　b．懸命　　　　c．貴重　　　　d．器用
（5）ものに深く感じて心を動かされること。
　　　　　a．感謝　　　　b．関心　　　　c．感動　　　　d．関連

5. 次の言葉の使い方として最もよいものをa～dから一つ選びなさい。

(1) 見通し
   a．人は見通しより中身が大事だと思います。
   b．今年の経済成長率は0.98%で、前年よりやや下がる見通しだ。
   c．全国各地から見通しのある選手をかき集めて、チームを作った。
   d．iPadで本物と見通しがつかないほどの水彩画が描けるようになった。

(2) あたかも
   a．自分が探し求めている存在は、あたかも自分の中にいるのかもしれない。
   b．あたかも自分の得意分野で失敗するとは思わなかった。
   c．今の上司には、あたかも大胆すぎる驚きの過去があったようです。
   d．うっすらと雪化粧した木々は、あたかもクリスマスツリーのようだった。

(3) 重々しい
   a．彼は重々しい石を軽々と転がした。
   b．気象庁の発表によると、1月は平年より寒さが重々しくなるそうだ。
   c．りんご歯科には、歯科医院にありがちな重々しい雰囲気はない。
   d．高血圧で階段昇るのも胸が重々しくてつらい。

(4) 当たる
   a．あなたの提案は、真剣に検討するに当たるものだと思う。
   b．木造住宅は、日本の風土に当たった住まいです。
   c．姉に赤ちゃんが生まれて、私はおばさんに当たってしまった。
   d．先行研究を集めて、そこに挙げられている参考文献に当たるようにしている。

(5) 除く
   a．料理をする場合、食材の臭みを除くために、よく香辛料を使う。
   b．111を除くと、3余る整数は9個ある。
   c．猿はタオルを水でぬらして、除いて顔を拭いています。
   d．成功は自分を除いてはじめて得られるものだ。

6. 次の_____に入れるのに最もよいものを、a～dから一つ選びなさい。

(1) ペットを飼う人は、80年代から年々増加傾向_____あると言えそうです。
   a．に　　　　b．から　　　　c．の　　　　d．を

(2) 調べた資料_____もと_____、私なりに考えてみたことをお話します。
   a．に、で　　b．を、に　　c．の、で　　d．の、に

(3) 素肌に直接着る_____、それに耐えるだけの品質が求められる。
   a．うえ　　b．ために　　c．からには　　d．ように

(4) 親が子ども_____求める家庭学習の時間は長すぎる。
　　　a．に　　　　b．を　　　　c．から　　　　d．より
(5) 借金_____の日本の未来は、心配だ。
　　　a．あまり　　b．はずみ　　c．がてら　　　d．だらけ
(6) 喘息で入院した_____きっかけ_____、たばこをやめることにした。
　　　a．のに、で　b．のを、に　c．のが、に　　d．のに、に
(7) ゆうべ遅く_____起きていたので、授業中にいねむりをしてしまった。
　　　a．まで　　　b．までに　　c．ても　　　　d．て
(8) たとえ家が流されて_____、生きてさえいればなんとかなる。
　　　a．しまって　b．しまっても　c．しまったら　d．しまったり
(9) 家計を考えると食事にお金はかけられないし、_____料理が1品しかないのではさびしい。
　　　a．だから　　b．つまり　　c．かといって　d．ようするに
(10) 教会での葬儀は原則として信者を対象とするが、教会_____信者でなくても葬儀を行ってくれる。
　　　a．では　　　b．には　　　c．によっては　d．にとっては
(11) 柔道では体が大きい方が有利とは_____そうだ。
　　　a．限る　　　b．限りはな　c．限らない　　d．限りがない
(12) 気持ちを勉強に_____としたが、無理だった。
　　　a．向ける　　b．向けたい　c．向かおう　　d．向けよう
(13) 父親が忙しい_____、子育てはすべて母親の役目というのはおかしい。
　　　a．からいったら　　　　　b．からといって
　　　c．からには　　　　　　　d．からして
(14) 人によって能力が違う。自分_____の努力をすればいいと思います。
　　　a．なり　　　b．だけ　　　c．よう　　　　d．かぎり

7．次の文の誤りの部分に下線を引き、正しい表現に改めなさい。

(1) たとえ日本語は難しいので、しっかり勉強しなければならない。

(2) 現代の若者は、心の底から自由を望みたがっている。

(3) 経済と技術の発展によって、人々の思想も開放した。

(4) 大学に入ってからは、充実された毎日を送っている。

(5) 学生の作文は間違いまみれだ。

(6) 彼は80歳を過ぎているので、毎日1時間以上も散歩している。

(7) 父が肺がんになったから、長年アスベスト工場で働いていたためだ。

8．次の文の＿＿★＿＿に入る最もよいものをa〜dから一つ選なさい。

(1) ＿＿＿＿　＿＿＿＿　＿★＿＿、＿＿＿＿に責任を持つべきだ。
　　a．自分の行動　b．社会人　　c．である　　d．からには

(2) バスや地下鉄に乗る際、ICカードを利用すると、＿＿＿＿　＿＿＿＿　＿＿＿＿　＿★＿、割引もあるので得だ。
　　a．は　　b．の　　c．便利な　　d．もとより

(3) テレビやパソコンの＿＿＿＿　＿＿＿＿　＿＿＿＿　＿★＿だった。
　　a．が　　b．裏　　c．だらけ　　d．埃

(4) あの歌手のライブに行きたいけれど、＿★＿＿　＿＿＿＿　＿＿＿＿　＿＿＿＿進まない。
　　a．一人で　　b．かといって　　c．気が　　d．行くのも

(5) あしたは晴れ時々曇り、＿＿＿＿　＿★＿＿　＿＿＿＿　＿＿＿＿かもしれません。
　　a．よっては　　b．ところに　　c．ある　　d．にわか雨が

(6) 座席位置＿★＿　＿＿＿＿　＿＿＿＿　＿＿＿＿ので、予めご了承ください。
　　a．については　　b．沿い　　c．ご希望に　　d．かねます

(7) 就職するにあたって、＿＿＿＿　＿＿＿＿　＿＿＿＿　＿★＿。
　　a．越した　　b．持っているに　　c．ことはない　　d．資格を

(8) 論文は、明確な主張と論理的な構成であるのはもちろん、＿＿＿＿　＿＿＿＿　＿＿＿＿　＿★＿も大切である。
　　a．こと　　b．信頼するに　　c．根拠や資料が　　d．値する

9．次の中国語を日本語に訳しなさい。

(1) 老年人有老年人自己的生活方式，做儿女的不应该干涉。

(2) 今年冬天北京特别冷，12月份的最低气温达到了零下10摄氏度。

(3) 据我所知王老师已经结婚了，而且还有一个儿子已经上大学了。

(4) 平静的湖水宛如一面镜子。

(5) 在校大学生可以免费入场参观，不过，如果不能出示学生证，则必须购票入场。

(6) 每当看到电视节目中有关残疾人努力奋斗的情节，我都会为之感动，受到激励。

(7) 有时候一句无心之言也有可能招来别人的误解。

(8) 既然已经跟别人约好，那就一定要守时。

(9) 就算父母不反对，我也不想出国留学。

(10) 几年前他还负债累累，现在已经是一家大企业的董事长了。

Ⅱ．听力

1. 録音を聴いて、正しいものをa～dから一つ選びなさい。

(1)

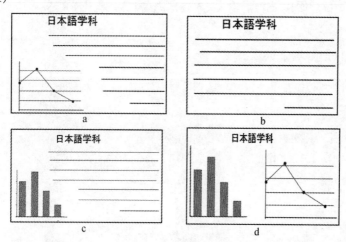

第18課　発表

(2)

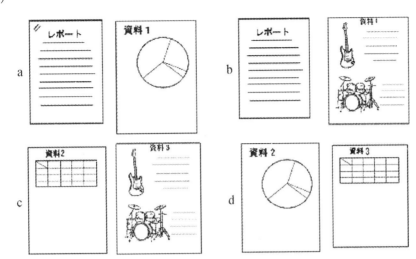

(3)

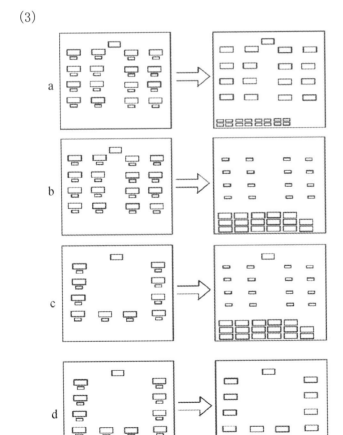

(4)

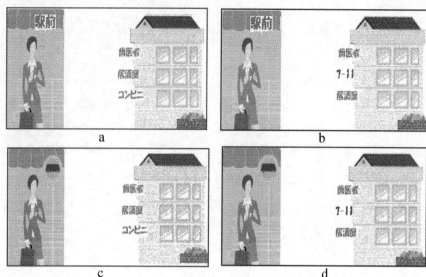

2. 録音を聴いて、内容と合っていれば○、合っていなければ×を（ ）に書きなさい。

（　）（1）ある学生は日本とアメリカの音楽事情について発表した。
（　）（2）ある学生は日本と中国の漢字について発表した。
（　）（3）2人は、表や図を盛り込んだ発表は良いと考えている。
（　）（4）アンケート調査が最も大切だ。

3. テープを聴いて、正しい答えを一つ選びなさい。

(1) _____　(2) _____　(3) _____　(4) _____

Ⅲ. 阅读

　　電話は（　イ　）道具である。こちらの都合とまったく無関係にかかってくる。そして否応なしに最優先の対応を要求する。どんなに重要な仕事をしていても、受けた電話を話の途中で切るのは難しい。
　　私の場合、一番困るのは、仕事に集中しているときだ。電話が終わったあと、中断した仕事を元の状態に戻すのは、本当にやっかいなことだ。やる気をそがれて能率が非常に悪くなる。それだけでなく、重要なアイディアを忘れてしまうこともある。自宅にかかる電話で、よく「お休みのところ失礼します」と言われる。相手の気持ちはよく分かるが、しかし、「お休みでない」からこそ、困るのである。

予約なしの連絡につねに最優先で対応しなければならないというのは、考えてみれば、まことに不合理なことではあるまいか。そして、こちらが電話する場合には、同じことを相手に強要していることになる。

質問
(1)　（　イ　）に入る最も適当なものを一つ選びなさい。
　　　 a．文明的な　　　 b．野蛮な　　　 c．合理的な　　　 d．便利な
(2)　「お休みでない」は、ここではどういう意味か。
　　　 a．仕事に集中している　　　　b．電話をしている
　　　 c．テレビを見ている　　　　　d．話をしている

最後に会話文と読解文を読み直して、＿＿＿＿を埋めなさい。

ユニット１　会話　ゼミ発表
米田先生　みなさん＿＿＿＿ようですね。じゃ、大山さん、始めてください。
大山　　　はい。＿＿＿＿＿＿＿＿＿。
橋本　　　すみません、資料を１部いただけますか。
大山　　　（隣の学生に資料を手渡して）これ、橋本さんのほうに＿＿＿＿もらえる？（全体に向かって）＿＿＿＿＿＿＿＿＿。（以下、レジュメを見ながら話す）今日は、日本人のペット観の変化について調べた結果を＿＿＿＿と思います。えー、日本では「ペットブーム」ということがマスコミで＿＿＿＿ですが、＿＿＿＿その実態はどうでしょうか。時代の流れとともに、日本人がペットを飼うという習慣に＿＿＿＿＿＿＿＿＿＿＿＿＿＿＿＿。もし、変化が見られる＿＿＿＿、その背景には＿＿＿＿＿＿＿＿＿。これらの点について調べることにより、現代の日本社会が＿＿＿＿問題の一端を＿＿＿＿と考え、このテーマを選びました。
　　　では、世論調査の統計を用いて、まず日本におけるペットの飼育の実態、そしてペット観について見ていって、最後にそれらの結果＿＿＿＿、わたし＿＿＿＿＿＿＿＿＿と思います。
　　　えー、それでは、まず、ペットの飼育率についてですが、＿＿＿＿資料の図の１をご覧ください。（中略）
　　　わたし自身は＿＿＿＿ペットが急増しているかのような＿＿＿＿を持っていましたが、この世論調査の結果を見る＿＿＿＿、＿＿＿＿増加現

象が見られるわけではないようです。ただ、他の調査結果と_____考えると、大変_____ではありますが、ペットを飼う人は80年代から現在にかけて増加傾向_____と言えそうです。

では次に、ペットの種類の_____。_____をご覧ください。これは、図1同様、内閣府による世論調査の結果でして、図1の問いでペットを「飼っている」と答えた人が飼育しているペットの種類を、複数回答で聞いた結果を_____います。この図から、犬は常にトップであり、その比率も24年間で約16ポイント上昇し62%に_____ことがわかります。ねこも常に20%_____を_____し続け、犬ほどではない_____、その比率は90年以降徐々に_____しつつあると言えます。一方、鳥類と魚類は減少_____にあります。特に鳥類のほうは86年の調査でねこに_____され3位になったあともどんどん減る_____で、2003年には、とうとう7.7%にまで_____います。_____、鳥や魚は減り、犬やねこは増えているというわけです。この結果は日本人がペットに求めるものが変わってきたことを_____しているのではないでしょうか。

そこで、次にペット飼育に関する_____。（中略）

非常に_____データによる分析ではありますが、_____から、日本においてペットを飼う人が増加している背景には、_____少子化や核家族化が_____として_____。今後は、近年犬やねこのペットロボットが開発されるようになった背景などにも_____つつ、資料の収集、分析をさらに_____いきたいと思います。これで発表を終わります。（クラスメートが拍手）

　　　　　何か_____お願いします。

中西　　（手を挙げて）はい。とても_____お話、ありがとうございました。
　　　　　（大山が会釈）あのう、考察のところでおっしゃったコンパニオンアニマルに関して一点_____んですが。

大山　　はい。

中西　　この言葉は70年代のアメリカで、動物と人を対等に見ようという考えのもとに使われるようになったということでしたよね。（大山がうなず

く）日本でも85年以降広がりつつある_____が、欧米における人と動物の関係と日本の場合とでは、宗教や文化的な背景の違いから同様には_____、_____。欧米で生まれたペット観が日本でも定着していくん_____。

大山　うーん、そうですね。実はこの点についてはわたしも_____ですが、まだ十分に_____。確か参考文献に挙げた横山1996に欧米と日本の動物観の違いについて触れた箇所があった_____、それを読み直して他の先行研究にもあたって_____。ありがとうございます。（しばらく質疑応答が続く）

米田　（終わりに）もう少し続けたい_____が、時間ですね。では、今日のゼミの中で出てきた問題点を含めさらに_____、前期のレポートに_____ください。じゃあ、今日はこれで終わりましょう。

ユニット2　読解　説得力のある文章を書くために

　大学生になった_____、大学生にふさわしいレポートや論文を書く力を_____ものである。レポートや論文は、_____があることが必要である。では、説得力のある文章とはどのようなものだろうか。

　まず、_____内容の質が重要である。主張そのものが_____で、論理的に_____されているのはもとより、根拠や資料が信頼に_____ことが、説得力のある文章の、第一条件である。

　次に、こうした質が_____に言語化されている必要がある。たとえ主張と論理性、そして根拠が_____なものであっても、誤読を_____表現が_____、誤字脱字だらけだったりすれば、読み手に主張が正確に_____。

　さらに、読み手の理解を得るために、読みやすさを_____ことが肝要である。ただ強く主張すればよいというものではないし、かといって_____に述べれば効果があがるというものでもない。

　このように、説得力がある文章とは内容も言葉も読み手の理解と信頼が得られる文章のことに_____。従って、会話のように直接、_____わけではないが、読み手とのコミュニケーションを_____することが_____である。

　では、具体的にどのような点に注意すればよいのか、読み手とのコミュニケーションという点に_____しながら、日本語の場合に_____考えてみよう。

1）必要以上の____な断定を避ける

　日本語は断定を避け、「だろう・ではないか・思われる・考えられる」などの_____な表現を_____と言われる。これは曖昧というより、実は読み手にも同様の推論を_____、確認し合い、共感を_____技法だと考える方が_____である。言語によっては、断定的に述べることが責任を持つ態度だと_____、好感度が高い場合があろう。しかし日本語の場合は、明らかに読み手の未知の情報を伝える場合を_____、断定的な語り方は、読み手に一方的に情報を_____ものとして伝える態度であり、読み手と情報の共有を_____ことも含意しやすい。その結果、語り手の意図に_____、聞き手の_____を招く可能性が_____。

　例1　このような意見には賛成しない。
　例1'このような意見には賛成しかねるのではなかろうか。

　例1に比べると、例1'語り手自身の「賛成できない」という意見を強く主張しない_____に、読み手にも推論を_____、共感を_____表現となっている。

2）むやみに話し言葉を挿入せず、文体を統一する

　学生によっては、文章の一部に丁寧体を挿入する傾向が見られる。これは親しさを_____という意図によるだけでなく、_____に行っている場合も少なくない。こうした文章は日本語の母語話者から見ると、丁寧体の_____に来た途端、語り手が突然子どもになって、語り始めたような、_____印象を受ける。

　　例2　魯迅は当時の社会をありのままに描いた。<u>この作品を初めて読んだ時、私はちょっと信じられなかったです。</u>しかし読み続けていくうちに、魯迅の願いが少しずつ見えてきたのである。

　この一言で文章全体が_____になり、せっかくの文章の真剣さが_____。

3）重々しい文言や冗漫な説明を避ける

　中級後半になると、漢文調の_____な文体で書かれているレポートが増える傾向が見られる。中には、内容に比して文体が_____あまり、違和感_____滑稽な印象すら与える場合がある。例えば、

例3　これより魯迅によってものされた『故郷』という世界的に有名な作品を取り上げ、その主題に対する考察を深化させていこうではないか。

上の例の「これより」「ものされた」「その主題に対する考察」「深化させて」などは、大学生のレポートという点から見て＿＿＿ない。また、この場合の「いこうではないか」は演説の＿＿＿となっている。

また、読み手に周知のこと、すなわち「魯迅によってものされた『故郷』という世界的に有名な作品」などの＿＿＿な説明を、わざわざ加えるには＿＿＿。重要なのは課題と結論、そこに＿＿＿論理性であり、必要十分以外の情報は多すぎないに＿＿＿。上の文は、次のように修正すればより適切である。

例3'　以下、魯迅の『故郷』の主題とは何か、考察を進めたい。

4) 適切に接続語を用いて、読み手に論理の流れを示す

学生のなかには、段落を＿＿＿たら接続語は不要になると考える者が、少なくない。日本語の接続語は、読み手の推論や連想を＿＿＿ながら、次はどの方向に論を進めるか読み手に示し、誘導するものであって、論理関係を示すもの＿＿＿。日本語話者は、たとえ改行しても、それだけでは読み手への方向指示器とはならないと考える＿＿＿である。例えば、

例4　～～以上より、国民は将来に向けて、環境破壊とエネルギー確保の相関性に気づくべきである。
　　　多くの学生はこの問題の重要性に十分に気づいていない。今後は、学生を中心に、若者全体の意識を高める必要がある。

上の2段落目の文頭を
例4'　しかしながら、多くの学生はこの問題の重要性に、十分に気づいていないようである。今後は学生を中心に、若者全体の意識を高めていく必要があろう。

と接続語で始めると、文章の逆接関係が＿＿＿となる。さらに「ようだ」により

前提となる事情が読み手と＿＿＿＿されやすくなり、また「取り組んでいく」と行動を実践に＿＿＿＿させ、「あろう」と読み手の推論を＿＿＿＿ことで、主張がより＿＿＿＿される。

ただし、接続語の使い方を誤ると、次のように混乱を＿＿＿＿場合がある。

例5　〜以上、日本文学についてまとめてみた。
　　　さて、私は中古の文学について、次のような考えをもっている。
　　　中古の物語として有名なのは、『源氏物語』ではないかと思う。

上のように「さて」で段落が＿＿＿＿と、日本語話者はいよいよ本論に入ったと期待する。しかし、「中古の物語として有名なのは『源氏物語』だ」というあまりに当然の記述が続くため、＿＿＿＿をくらったように感じる。これは、「さて」や「ところで」が単に話題の転換を表すだけでなく、本題に入る意味も含むことによる。

このように接続語による方向表示の適切さも、説得力を＿＿＿＿するわけである。

5）剽窃(ひょうせつ)は絶対に行わない

レポートや論文の準備に際して、私たちは必ず参考文献に＿＿＿＿。その時に、探していた答えや、いい考えが見つかり、その通りだと嬉しくなることもある。しかし、だからといって、その他人の言葉を＿＿＿＿自分の文章に引用することは、絶対に許されないことである。引用箇所の出典を＿＿＿＿することが、書き手の＿＿＿＿の証明であるとともに、今や全世界共通の守るべき＿＿＿＿である。

教師は学生のレポートに＿＿＿＿の切り貼り―通称「コピペ」―があるのを見るにつけ、＿＿＿＿気持ちになる。教師は学生の「コピペ」には、＿＿＿＿気づくものなのである。ある大学教員の話によると、「コピペ」がわかった段階で、そのレポートには合格を＿＿＿＿という。出典を示さない引用は、書き手が自分の信頼を＿＿＿＿、＿＿＿＿べき行為であることを、＿＿＿＿おくべきである。

例6　山田（2010）によると、現在ベトナム人留学生の数が増加しているということである。

例7　この点については、「今後、小学校では英語よりも異文化教育が必要だ（鈴木2011）」という指摘があり、さらに議論を深める必要が

あろう。

おわりに…
　書いたものは、一晩＿＿＿＿次の日、＿＿＿＿ことが大事だ。夜中まで必死に＿＿＿＿、きちんと＿＿＿＿したかしないかのうちに、＿＿＿＿してしまうことは、非常に危険である。後悔のないよう、他人の文章を読むつもりで、＿＿＿＿推敲すべきである。
　文は＿＿＿＿である。読み手のためだけでなく、書き手自身のためにも、最後まで＿＿＿＿、説得力のある文章を書いてほしいと願う＿＿＿＿である。

実力テスト４

1．次の漢字の読み方をひらがなで書きなさい。

   (1) 証拠　証　＿＿＿＿＿＿＿＿＿＿

   (2) 望遠鏡　鏡　＿＿＿＿＿＿＿＿＿＿

   (3) 偏差値　値する　＿＿＿＿＿＿＿＿＿＿

   (4) 顕著　著しい　＿＿＿＿＿＿＿＿＿＿

   (5) 潤色　潤い　＿＿＿＿＿＿＿＿＿＿

   (6) 導入　導く　＿＿＿＿＿＿＿＿＿＿

   (7) 逆に　逆らう　＿＿＿＿＿＿＿＿＿＿

   (8) 嫌悪　嫌う　嫌　＿＿＿＿＿＿＿＿＿＿

   (9) 後悔　悔しい　＿＿＿＿＿＿＿＿＿＿

   (10) 謝罪　謝る　罪　＿＿＿＿＿＿＿＿＿＿

2．次の下線部のひらがなを漢字に直しなさい。

   (1) 新刊の発行について出版社とこうしょうしている。
   (2) 私は親戚の家にげしゅくしている。
   (3) よのなかはすべてお金で解決できるわけではない。
   (4) この文では、「とても」はどのことばをしゅうしょくしていますか。
   (5) 新しい小説のひょうばんはイマイチだ。
   (6) 世界全体で見ると、男女のひりつはほぼ半分ずつになっている。
   (7) 新製品の売り上げはじゅんちょうに伸びている。

(8) 家庭では、心のやすらぎが得られる。
(9) このマフラーにはかぞえきれないほどの思い出が詰まっている。
(10) 新聞はみだしを見れば、大体の内容がわかる。

(1)	(2)	(3)	(4)	(5)
(6)	(7)	(8)	(9)	(10)

3．次の下線部の_____の部分と同じ漢字を使うものをa～dから一つ選びなさい。

(1) 最近、インフルエンザの患者がきゅうぞうしている。
　　a．年末に有給きゅうかをとった。
　　b．環境汚染がきゅうげきに進んでいる。
　　c．警察官のようきゅうがあれば、身分証明書を提示しなければならない。
　　d．交通費をしきゅうすることになっている。

(2) 明るく使いやすいじゅうたくを設計した。
　　a．先月ニューヨークで気候変動に関する世界えんたく会議が開かれた。
　　b．新しい市場のかいたくに力を入れている。
　　c．進路のせんたくが難しい。
　　d．先月からたくはいの仕事に就いた。

(3) お風呂のお湯の温度はちょうせつできるようになっている。
　　a．今年も年末に来年の計画をてちょうに書きます。
　　b．しゅっちょうで九州へ行ってきた。
　　c．皆様の参加可能な日をちょうせいしたいと思っています。
　　d．現地調査によって確認されたちょうるいは、13目68種であった。

(4) 政府の新しい政策は国民のひなんを浴びた。
　　a．これはぜひ読みたいと思っていた本です。
　　b．台風のため村民は体育館にひなんした。
　　c．我々の間には何のひみつもない。
　　d．村が受けた洪水のひがいは大きかった。

(5) 本計画は振興計画のいったんを担うものである。
　　a．会社はこの問題に対してれいたんである。
　　b．君の考えはきょくたんすぎる。
　　c．夫婦が一つのたんいとなって社会生活を行う。
　　d．姉は去年たんき大学を卒業した。

4．次の_____に入れるのに最もよいものを、a～dから一つ選びなさい。

(1) 今回の研修を受けた経験は、今後の人生に大きな_____になると思います。
　　a．プラス　　　b．マイナス　　c．ウィルス　　d．テンポ

(2) _____のガイドさんからツアーガイドのコツを伝授してもらった。
　　a．ベテラン　　b．トラブル　　c．ドリブル　　d．ドーピング

(3) 自分の写真入りの_____置時計を作ってもらった。
　　a．ハイテク　　b．ニュアンス　c．スクール　　d．オリジナル

(4) グラフ1から見ると、このサイトの利用者数は_____になっていることがわかる。
　　a．横向き　　　b．横ばい　　　c．横引き　　　d．横伸び

(5) _____ばっかり言ってないで、何かできる事をしてみたら？
　　a．受容　　　　b．知見　　　　c．談話　　　　d．文句

(6) 丁寧に頭を下げなくても、_____や目礼で相手に気持を伝えることができる。
　　a．部活　　　　b．水気　　　　c．会釈　　　　d．目玉

(7) 新聞やTVなどのマスメディアの報道は_____に大きく影響を与える。
　　a．世論　　　　b．社論　　　　c．公論　　　　d．口論

(8) 血糖値が高いと言われてもまだピンと_____。
　　a．いかない　　b．こない　　　c．しない　　　d．ならない

(9) 息子は人ごみに_____、あっという間にいなくなってしまった。
　　a．きわだって　b．くるわせて　c．まぎれて　　d．さえぎって

(10) 姉の結婚式は_____雰囲気に包まれていた。
　　a．なごやかな　b．まろやか　　c．つややか　　d．かろやか

(11) 日中関係の良好な発展は、日中両国だけではなく、アジア_____世界にとって非常に重要なものである。
　　a．あたかも　　b．しばしば　　c．ひいては　　d．きわめて

(12) 3時間探しても店の場所がわからなかったので、_____諦めて引き上げた。
　　a．とうとう　　b．いよいよ　　c．そろそろ　　d．たまたま

(13) 航空各社によると、春節前日の羽田空港発北京行きの便は_____満席だという。
　　a．たった　　　b．ただ　　　　c．やや　　　　d．ほぼ

(14) 緊急事態が起こったときは、現状を客観的に正確に把握し、_____対策を取ることが大切です。
　　a．ことごとく　b．なんだかんだ　c．しかるべき　d．なんとなく

(15) 女の子は、慎吾の顔を見て、_____笑った。
　　a．にっこり　　b．こっそり　　c．すっきり　　d．ぐっすり

5．次の説明に合っているものをa～dから一つ選びなさい。

(1) 自分の事情を説明して、弁解をすること。
　　a．言い訳　　　b．言い合い　　　c．言い換え　　　d．言い切り
(2) 勝負や争いごとの相手。
　　a．みかた　　　b．てき　　　c．こちら　　　d．かなた
(3) 人の欠点や過失などを取り上げて責めること。
　　a．ひなん　　　b．ひょうか　　　c．ひひょう　　　d．へんけん
(4) 言いまわしが穏やかでかどが立たないさま。また、遠回しに言うこと。
　　a．きはく　　　b．けんきょ　　　c．きんべん　　　d．えんきょく
(5) あれこれと心を働かせること。
　　a．めぐらす　　　b．そばたてる　　　c．たくわえる　　　d．はせる
(6) 承諾や同意などの気持ちを表すために、首を縦に振る。
　　a．たてこむ　　　b．ためらう　　　c．つらぬく　　　d．うなずく
(7) 程度のはなはだしかったものがおだやかな状態になる。
　　a．ときはなつ　　b．とりよせる　　c．やわらぐ　　　d．はぐくむ
(8) ある基準、または中心から外れて、一方へ寄ること。
　　a．むすびつく　　b．もちいる　　　c．かたよる　　　d．やぶれる
(9) 結婚式。
　　a．ウェディング　　　　　　b．ライトアップ
　　c．ロボット　　　　　　　　d．スティック
(10) 自分の意志で動くのではなく、他人に操られて動く装置のたとえ。
　　a．ニュアンス　　b．ロボット　　　c．スポット　　　d．アニマル

6．次の_____に入れるのに最もよいものを、a～dから一つ選びなさい。

(1) 女性は母親になると、強く_____。
　　a．なるどころではない　　　　b．ならざるをえない
　　c．なるにはあたらない　　　　d．ならないではおかない
(2) この程度の成績では、東京大学には_____。
　　a．入るっこない　　　　　　　b．入っこない
　　c．入らっこない　　　　　　　d．入れっこない
(3) 自分たちのテーマに_____調べてみよう。
　　a．しては　　　b．かぎって　　　c．そって　　　d．ひきかえ
(4) サッカーの中継を見ることができないのは残念_____。

　　　　a．なものでもない　　　　　　b．でたまらない
　　　　c．までもない　　　　　　　　d．にすぎない
（5）わたしの調べた_____では、その商品はまだ市販されていないようだ。
　　　　a．ばかり　　b．かぎり　　　c．とおり　　　d．かわり
（6）本日を_____受付を締め切らせていただきました。
　　　　a．もって　　b．とおして　　c．おいて　　　d．よそに
（7）この歌を聴くに_____、子どもの頃を思い出す。
　　　　a．つけ　　　b．より　　　　c．して　　　　d．対して
（8）大丈夫と言いたい_____ですが、正直、私も不安です。
　　　　a．こと　　　b．もの　　　　c．はず　　　　d．ところ
（9）たとえ何社からも内定をもらったとしても、_____。
　　　　a．行けるのは一社だけです　　　b．行けないのは一社だけです
　　　　c．行けるのは一社だけではない　d．行けないのは一社もない
（10）いくら忙しい_____、電話をかける時間ぐらいはあるだろう。
　　　　a．にせよ　　b．においては　c．に先立って　d．にしては

7．次の_____に入れるのに最もよいものを、a～dから一つ選びなさい。
（1）この分野では誰にも負けない_____　_____　★_____　_____を身につけたい。証拠はなさそうです。
　　　　a．専門知識　　b．だけ　　　c．といえる　　d．の
（2）年功序列型に　★_____　_____　_____　_____急務である。
　　　　a．システム　　b．作りが　　c．代わる　　　d．新たな
（3）産業界を_____　_____　_____　★_____、新しいシステムを積極的に導入している。
　　　　a．企業　　　　b．リードする　c．ほど　　　d．元気な
（4）部長の指示は、_____　_____　_____　★_____、かえって現場を混乱させ、意欲をそいだ。
　　　　a．高める　　　　　　　　　　　b．モチベーションを
　　　　c．現場の人間の　　　　　　　　d．どころか
（5）こうした犠牲を減らすには、_____　_____　_____　★_____が必要だろう。
　　　　a．改善　　　　b．成果主義の　c．更なる　　d．見直しと
（6）この結果は、日本人のペットに_____　★_____　_____　_____きたことを示唆している。

　　　　a．ものが　　　b．明らかに　　c．変わって　　d．求める
(7) 鳥類をペットする人の数は、86年の調査で＿＿＿　★　＿＿＿　＿＿＿あ
　　 ともどんどん減る一方だ。
　　　　a．3位に　　　b．ねこに　　　c．なった　　　d．逆転されて
(8) 言語によっては、断定的に述べることの＿＿＿　★　＿＿＿　＿＿＿、好
　　 感度が高い場合があろう。
　　　　a．態度であると　b．責任を持つ　c．捉えられ　　d．ほうが
(9) 先生にぜひ講演をお願いしたいと思い、失礼を＿＿＿　＿＿＿　＿＿＿　★
　　 です。
　　　　a．承知で　　　b．次第　　　　c．ご連絡　　　d．させていただいた
(10) 接続語に＿＿＿　★　＿＿＿　＿＿＿を左右する。
　　　　a．適切さは　　b．説得力　　　c．方向表示の　d．よる

日本語能力試験2級副詞リスト

あいにく	一斉に	おそらく	げん（現）に
明らかに	いっそう	お互いに	こっそり
あくまで	いったい（一体）	おのおの（各々）	この間
あちこち	いったん（一旦）	思いきり	このごろ
あまり	いっぱい	思わず	今回
あらゆる	一般に	主に	今後
案外	いつか	およそ	今度
あんまり	いつでも	かえって	ごく（極）
いきいき（生き生き）	いつも	かたがた	最近
いきなり	今に	必ず	最初
幾分	今にも	かなり	幸い
いくら～ても	いよいよ	かわりに	先に
いご（以後）	いらいら	がっかり	さきほど
いずれ	いわば	きちんと	さすが
一々	いわゆる	きっと	さっき
一応	うっかり	急に	さっさと
一時	うろうろ	ぎっしり	さっそく（早速）
一段と	うんと	偶然	さっぱり
一度に	大いに	ぐっすり	更に
いちばん	大勢	結局	ざっと
一生懸命	おおよそ	けっこう	しいんと

しきりに	そのまま	当日	比較的
次第に	その他	とうとう	久しぶり
しっかり	それぞれ	ときどき	非常に
しばしば	それほど	特に	必死に
しばらく	そろそろ	ところどころ	ひとまず
少々	続々	とたんに	ひとりでに
直に	大して	とっくに	ひろびろ
実に	たいそう	突然	びっくり
実は	たいてい	とにかく	ぴかぴか
順々	たくさん	ともに	ぴたり
徐々に	確か	ともかく	ぴったり
すきずき	確かに	どうか	ふだん（普段）
少なくとも	多少	どうして	普通
すぐに	直ちに	どうしても	ふと
すこ（少）し	たちまち	どうせ	ふわふわ
すこ（少）しも	たった	どうも	ぶつぶつ
すっかり	たっぷり	どこか	別に
すっきり	たとえ〜ても	どっと	べつべつ（別々）
すっと	たびたび	どんどん	ほとんど
既に	たぶん	なかなか	ほぼ
すべて	たまたま	なにしろ	ほんの
ずいぶん	たまに	なにぶん	本来
ずっと	単なる	なにも	ぼんやり
ずらり	単に	なんでも	真っ先に
せいぜい	段々	なんとか	まあまあ
せっかく	近々	なんとなく	まごまご
せっせと	ちっとも	なんとも	正に
せめて	着々	にこにこ	まさか
先日	ちゃんと	にっこり	ますます
絶対	ちょっと	にわかに	まったく
是非	次々に	残らず	まもなく
是非とも	常に	のろのろ	まるで
そう言えば	つまり	のんびり	万一
そうっと	転々	果たして	むしろ
相当	できるだけ	はきはき	めいめい
そっくり	できれば	初めに	めちゃくちゃ
そっと	でこぼこ	はっきり	めっきり
そのうち	当時	ばったり	めったに

もしかしたら	やがて	ゆうゆう（悠々）	わざと
もしかすると	やく（約）	ゆっくり	わりあいに
もしも	やたらに	よう（要）するに	わりと
もっと	やっと	ようやく	わり
もっとも	やっぱり	よく	
もと（元）	やはり	よけい	
もともと	やや	より	

第19課　コミュニケーション新時代

単語帳

データベース　スピーカー　ゲット　リンク　テーブルセット　ディベート　ウェブサイト
アプリケーシ　ブログ　インターフェイス　ワープロ　マス

電器店　音質　電卓　陳列棚　目玉商品　お買い得　掘り出し物　表示価格
在庫　支社　当店　会計　老若男女　離れ離れ　近況　単方向　方向　双方
向　主流　目当て　有給休暇　申し込み　家賃　医師　言動　重労働　夜間
映像　体験記　他人　著作者　侵害　私用　多用　信憑性　偏見　向き　著書
一歩　一例　賛否両論　新作　予算　瞬時　知的所有権　問いかけ　陳列
生産　値引き　疲労　小売　内蔵　失神　審判　判定　開会　立論　応答
閉会　論評　消費　代替　錯覚　成立　制約　虚脱　構築　定着　侵害　誤解
組織　提唱　廃止

もったいない　肌寒い　太い　たやすい　この上ない　鮮やか　軽量　静寂　無数
手ごろ　ずばり　さっさと　よくぞ　いきなり　おまけに

疑う　叩く　承る　吠える　つなげる　かしこまるく　問い合わせる　申し付ける
思い浮かぶ　取り込む　取り払う　切らす

文法リスト

お／ご[V]願う＜请求＞
～と言っても過言ではない＜不过分的评价＞
おまけに＜累加＞
[V₁]ないことには[V₂]ない＜必要条件＞
～がために＜原因＞

～にしては＜判断的前提＞
[Vる]ことなく＜未实行＞
～は言うに及ばず＜理所当然＞
[A_II(词干)]この上ない＜最高程度＞
[Vる]や＜连续发生＞
[V]ており＜连用＞

I．文字・詞汇・語法

1．次の漢字の読み方をひらがなで書きなさい。

(1) 承る　承知　_____

(2) 離れる　離別　_____

(3) 身近　近況　_____

(4) 内蔵　大蔵省　_____

(5) 持ち主　主に　主流　_____

(6) 小売　小説　小川　_____

(7) 軽い　気軽　軽量　_____

(8) 計る　会計　家計簿　_____

(9) 老若男女　若干　若者　_____

(10) 無理　無難　有無　無し　_____

2．次の下線部の漢字をひらがなに直しなさい。

(1) 消費者の声に耳を傾け、それを商品開発に反映していくべきだ。
(2) 君はＵＦＯを見たというが、それは目の錯覚ではないか。
(3) 人を疑う人は、人から信用されない。
(4) 一匹の犬が吠えると、百匹の犬がその声を聞いて吠える。
(5) 消費者は、値引きがなくても欲しい品物が揃う店に足を運ぶ。
(6) 今度の夏休み、莫言の著書『赤い高粱』を読もうと思う。
(7) ABC商社は厳しい制約のもとで、会社の再建に取り組んでいる。
(8) 卒業論文の完成まであと一歩になった。

(9) ビデオを見ながら、瞬時に日本語に訳すポイントやこつをマスターしたい。

(10) この番組を通して故宮の建築のすばらしさを世界に発信していきたい。

(1)	(2)	(3)	(4)	(5)
(6)	(7)	(8)	(9)	(10)

3．次の下線部のひらがなを漢字に直しなさい。

(1) a．来月、本部から上海ししゃへ転勤することになった。
    b．今年、交通事故によるししゃは、２万人にのぼったそうだ。

(2) a．自慢の三味線の腕をひろうした。
    b．最近、仕事が忙しくて、心身ともにひろうしている。

(3) a．おんしつでトマトを作っている。
    b．日本製のＣＤプレイヤーはおんしつがいいし、使いやすい。

(4) a．いしの使命は命を救うことだ。
    b．自分のいしで選んだ仕事だから最後まで頑張りたい。

(5) a．しよう中ですから中に入らないでください。
    b．新製品はしよう期間を過ぎてから発売することになっている。

(6) a．不良品が出たので、製造かていを徹底的に調べます。
    b．女性にとって、かていと仕事を両立するのは難しいことです。

4．次の_____の言葉に意味が最も近いものを、a～dから一つ選びなさい。

(1) 値引きしているのに、売り上げがなかなか上がらない。
    a．プレイ   b．ドライブ
    c．パフォーマンス   d．ディスカウント

(2) 今、大学生活を楽しんでいる。
    a．リフレッシュして   b．エンジョイして
    c．モチベーションして d．ミーハーして

(3) 任意の曲名を指定すると、雰囲気が近い曲を選んでくれる。
    a．ウォーキングして   b．ピックアップして
    c．ジョギングして   d．サインインして

(4) 自分に合った練習を続ければ、必ず上達する。
    a．コメント   b．レイアウト
    c．キャンプ   d．トレーニング

第19課　コミュニケーション新時代

5．次の言葉の使い方として最もよいものを、a～dから一つ選びなさい。

(1) 定着
 a．インターネットは日常生活に定着している。
 b．やっと就職が定着してほっとしている。
 c．この映像は、カメラを定着して竜巻の中を撮影したものです。
 d．街を歩き、地図や記憶を頼りに目的地まで定着するには、方向感覚が必要だ。

(2) 当たる
 a．日本では、1 里は約4キロに当たる。
 b．田中会長が会長に当たったのは10年前でした。
 c．努力すれば、結果は当たってくる。
 d．困難に当たっても負けずに頑張りたい。

(3) つなげる
 a．親は子の将来に期待をつなげている。
 b．不審な足音がこちらにつなげて来た。
 c．ボランティア活動を通して経験を積んで、それを就職へつなげたい。
 d．ホームページがお客様をつなげて来た。

(4) ずばり
 a．澄んだ空気に　富士山がずばり！
 b．一人で涙を流していたあの夜を今でもずばり覚えている。
 c．自分では意識せずに行っていることをずばり指摘されて、目が覚めるような思いでした。
 d．ダメだと判断したらずばりあきらめ、新しいことに挑戦すべきである。

6．次の（　）に、適当な助詞を入れなさい。

(1) 母（　）（　）プレゼントは、高ければ喜んでもらえるとは限りません。
(2) この発表について、2分以内（　）自分の感想を話してください。
(3) これからは大学祭の準備（　）忙しくなる。
(4) 水質汚染（　）このままにしていたら、地球環境はますます悪くなる（　）違いない。
(5) この混乱した状況を少し（　）（　）改善したい。
(6) 多くの人々が高齢社会の福祉（　）関心を寄せている。
(7) そのドレスはパーティーへ着て行く（　）（　）（　）ちょっと地味じゃない？

(8) ボーイフレンドの誕生日祝い（　　）心をこめてマフラーを編んだ。
(9) 自分（　　）（　　）よければいいという考えの人は嫌いだ。
(10) この小説は読めば読む（　　）（　　）おもしろい。

7．次の_____に入れるのに最もよいものを、a～dから一つ選びなさい。

(1) この仕事は年齢ではなく、経験_____アルバイト料が決まっています。
　　a．について　　b．に応じて　　c．にかけて　　d．にしたがって
(2) このゲームは年齢や性別_____、多くの人々に好まれている。
　　a．を知らず　　b．を聞かず　　c．を問わず　　d．を言わず
(3) 年末になると、忙しくて休みをとる_____食事をする時間さえないくらいだ。
　　a．ものなら　　b．どころか　　c．ことなく　　d．ばかりか
(4) さすが学生時代にやっていた_____、彼は今でもテニスが上手だ。
　　a．だけあって　　b．にしては　　c．からには　　d．きっかけで
(5) お互いに助け合って_____本当の友達と言えるのではないだろうか。
　　a．ほど　　b．こそ　　c．かぎり　　d．さえ
(6) この子は小学生_____ずいぶん難しい言葉を知っていますね。
　　a．にすると　　b．にしては　　c．にするなら　　d．にしてから
(7) 漢方薬を飲んだおかげで冷え性が改善され、_____ダイエットにもなった。
　　a．おまけに　　b．すなわち　　c．ところが　　d．なぜなら
(8) もうタバコは吸わないと決めた以上、_____勧められても絶対にそれを守る。
　　a．どうか　　b．どうにか　　c．どうせ　　d．いくら
(9) 弟は、酒が飲めない_____、ぜんぜん飲めないわけではない。
　　a．としたら　　b．どころか　　c．というより　　d．といっても
(10) 説明書_____調節してみたのですが、動かないんです。
　　a．どおりに　　b．次第で　　c．のもとに　　d．に応じて

8．次の文の　★　に入る最もよいものを、a～dから一つ選なさい。

(1) この試験は＿＿＿＿＿＿＿＿＿＿＿＿★＿＿でも受けられる。
　　a．誰　　b．年齢や　　c．問わず　　d．性別を
(2) あの子は＿＿＿＿★＿＿＿＿＿＿＿挨拶ができる。
　　a．小学生　　b．きちんと　　c．礼儀正しく　　d．にしては
(3) 当店は、＿＿＿＿＿＿＿＿＿＿＿＿★＿時間がかかります。
　　a．お客様の　　b．作るので　　c．ご依頼に　　d．応じて

(4) 漫画＿＿＿ ＿＿＿ ★ ＿＿＿だと考えられている。
　　a．子供　　　b．読み物　　c．向きの　　d．というと
(5) ＿＿＿ ＿＿＿ ＿＿＿ ★ 仲直りはできないと思う。
　　a．もう一度　b．ことには　c．話し合わない　d．お互いに
(6) 年金問題は今まで深刻な＿＿＿ ★ ＿＿＿ ＿＿＿がある。
　　a．向き　　　　　　　　b．として
　　c．問題　　　　　　　　d．捉えられてこなかった
(7) 彼女の歌は、＿＿＿ ★ ＿＿＿ ＿＿＿、歌声も人々を魅了する。
　　a．そのものが　b．もちろん　c．歌　　d．すばらしいのは
(8) 佐藤さんは＿＿＿ ＿＿＿ ＿＿＿ ★ 、わたしの依頼を快諾してくれた。
　　a．や　　　　b．聞く　　　c．を　　d．事情
(9) 今やすっかり定着し、＿＿＿ ★ ＿＿＿ ＿＿＿が、問題がないわけではない。
　　a．便利　　　b．インターネット　c．この上ない　d．ではある
(10) 職場では、＿＿＿ ＿＿＿ ＿＿＿ ★ 仕事ができても、正当な評価をしてもらえないことがある。
　　a．がために　b．どんなに　c．である　d．女性

Ⅱ．听力

1．録音を聴いて、正しい答えをa～dから一つ選びなさい。

　　(1)＿＿＿＿　(2)＿＿＿＿　(3)＿＿＿＿　(4)＿＿＿＿

2．録音を聴いて、内容と合っていれば○、合っていなければ×を（　）に書きなさい。

　（　）(1) この時期には、あまりいい部屋はない。
　（　）(2) この女子学生は4年生です。
　（　）(3) この女子学生の希望としては、できれば安い方が良い。
　（　）(4) 彼女には、2、3、4年生の相談できる先輩がいる。
　（　）(5) 彼女は先輩と住む予定だ。
　（　）(6) 彼女が一番重要だと考えているのは、セキュリティである。
　（　）(7) 彼女はお気に入りの物件でなければ入らないと思っています。

3. テープを聴いて、正しい答えをa～dから一つ選びなさい。

(1) _____ (2) _____

III. 阅读

次の文章を読んで後の質問に答えなさい。

　子供の頃、「道草をしてはいけません」とよく言われたものである。学校から家に帰るまで、道草をせずにまっすぐ帰るようにと言われる。しかし、子供にとって道草ほど面白いものはなかった。落ち葉のきれいなのを見つけると拾って友人と比べっこをしたり、雨水でできた水溜りがあれば水のかけ合いをしたり、蜂の巣をみつけて、そのあたりで飛び回る蜂の様子を見てみたり。それに何よりも興味があったのは「近道」である。大人の目から見ると、それは迂回であり道草にすぎないのだが、何とか自分達なりの「近道」を見つけて、どこかの家の裏道に入りこんだり、時には猛犬に見つかって逃げ回ったり、まったくスリル満点の面白さであった。

　今から考えてみると、このような道草によってこそ、子供は通学そのものを満喫していた、と思えるのである。道草をせず、まっすぐに家に帰った子は、勉強をしたり仕事をしたり、マジメに時間を過ごしただろうし、それはそれで立派なことであろうが、道の味を知ることはなかったと言うべきであろう。

　ある会社の社長で、趣味も広く、人情味もあり、多くの人に尊敬されている人にお会いしたことがある。その時、どうしてそのような豊かな生き方をされるようになりましたかとお聞きしたら、その方は、「結核のおかげですよ」と答えられた。

　学生時代に結核にかかった。当時は的確な治療法がなく、ただ安静にするだけが治療の手段であった。結核という病気は、意識活動は全然衰えないので、若い時にほかの若者たちがスポーツや学問などにいそしんでいることを知りつつ、ただただ安静にしているだけ、というのは大変な苦痛である。青春時代の貴重な時間を無駄にしてしまっている、という考えに苦しめられるのである。

　ところが、自分が社長となって成功してから考えると、結核による「　イ　」は無駄ではなかったのである。無駄どころか、それはむしろ有益なものとさえ思われる。そのときに経験したことが、いまになって生きてくるのである。人に遅れをとることの悔しさや、誰もができることをできない辛さなどを味わったことによって、弱い人の気持ちがよくわかるし、死や生についていろいろ考え悩んだことが意味を持ってくるのである。

何の失敗もなしに学生時代を過ごし、そして順調に会社で成功していった人は、人から羨ましがられることが多いようだ。しかし、こうした人は、人生という「道」を、この社長のように味わっているのだろうか。

質問

(1) 「結核のおかげですよ」とはどういうことを言っていますか。次のa～dから適当なものを一つ選びなさい。
　　a．結核にかかって辛い思いをし、弱い人の気持ちがわかるようになったこと。
　　b．結核で安静にしているときにいろんな本を読むことができたこと。
　　c．結核にかかり大切な青春を無駄にしてしまったこと。
　　d．結核にかかったときの悔しさをばねに、人一倍頑張ることができたこと。

(2) （　イ　）にあてはまる適当な語を、次のa～dから一つ選びなさい。
　　a．活動
　　b．治療
　　c．時間
　　d．道草

(3) 筆者がこの文章で最も言いたかったことは次のどれか。最も適当なものを一つ選びなさい。
　　a．子どもは道草をしてはいけない。
　　b．若いうちにいろいろ経験したほうがいい。
　　c．青年期の一番大切な時間を無駄にしてはいけない。
　　d．若い時にスポーツや学問などに積極的に取り組むべきだ。

最後に会話文と読解文を読み直して、_____を埋めなさい。

> #### ユニット1　会話　帰国準備
> （電器店で。王が友人たちとともにパソコンを買いに来ている）
> 店員　　　いらっしゃいませ。ノートパソコンを_____か。
> 王　　　　ええ、もうすぐ北京に帰るので、_____でも使えるのがほしいんです。
> 店員　　　それでしたら、_____。
> 王　　　　えーと、できればＡ４で、_____ができて、画面が_____で、音質

	がいいのがいいんですけど、そんなのあるかなあ…。
店員	あ、ございますよ。そうですね、こちらは_____か。
王	あ、これは僕も考えてたんだ…。これ、いくらになりますか。
店員	（電卓を叩く）_____、これでいかがでしょう。
王	うーん、_____もんですね。これじゃあ、_____なあ。
店員	それでは、_____に応じてほかのメーカーさんのものもご紹介いたしますので、まずは_____か。
王	じゃあ、これぐらいで…（電卓を叩く）
店員	_____。それでは、こちらはいかがでしょう。（ほかのメーカーの陳列棚へ移動する）こちらのメーカーさんは_____なのと使いやすいので、_____人気です。
マイク	おー、このパソコン、カメラも_____よ。
朴	ほんとだ。この値段_____スピーカーの音質もいいんじゃない。
店員	こちらは当店の_____ですので、_____かと存じますよ。
王	わりと軽いし、_____値段も_____だし、_____かも…。決めちゃおうかな…よし、決めた！じゃあ、_____。
店員	_____。それでは_____を見てまいります。
（店員が戻ってくる）	
店員	_____。こちら、在庫を_____おりまして…。
王	ええっ。じゃあ、どれぐらい待てばいいんですか。
店員	それが、メーカーさんに_____みたんですが、_____、もう生産中止だということでして…。
王	ということは、_____ってことですね。
店員	大変申し訳ございません。一つ古い_____でよろしければ在庫もございますし、_____お値引きできるんですが…。
朴	それじゃ、_____。
王	じゃあ、最初に見せてもらったほうは_____んですか。
店員	はい、あちらはございます。
マイク	じゃあ、あちらをこの値段にしてもらえたら、_____ですね。
店員	えっ、_____…。
チャリヤー	どこのメーカーでも売れればいいんじゃないですか。
店員	_____ですが、メーカー_____が違いますので…。

第19課　コミュニケーション新時代

王　　　　　　じゃあ、_____は現金にします。_____。
店員　　　　　うーん…。そうですねえ…。店長に相談してみませんと…。
マイク　　　　王さん、時間が_____よ。_____さっさとほかに行こう。
店員　　　　　分かりました。お客様には_____。今回だけ_____です！
王　　　　　　本当ですか！
チャリヤー　　やったー！王さん、よかったわね！
店員　　　　　ご帰国後、何かございましたら私どもの北京支社のほうでも_____
　　　　　　　おりますので、_____。それでは_____へどうぞ。

（買い物のあと）

王　　　　　　はあ、疲れた。でも、_____できたよ。
マイク　　　　_____。でも、なんでこんなに高性能のパソコンを買ったの？
王　　　　　　よくぞ聞いてくれました。実は僕、_____になってもみんなそれぞ
　　　　　　　れの_____サイトを作ろうと思ってるんだ。
マイク　　　　そっか。でも、それって、難しくない？専門知識も要るだろうし。
王　　　　　　たぶんね。でもこれからの時代、_____はマスじゃなくて個人、コ
　　　　　　　ミュニケーションの方向は単方向じゃなくて双方向が_____になる
　　　　　　　と思うんだ。僕、それを自分でやってみたいんだよ。
マイク　　　　でも、それにはかなりお金もかかるんじゃないかなあ。
王　　　　　　まあ、何事も_____。_____で、とにかく_____
　　　　　　　してみるよ。
朴　　　　　　面白そうじゃない。できたら僕のサイトと相互_____しようよ。
王　　　　　　オッケー。よーし、がんばっていいサイトを作るぞ！
チャリヤー　　きゃー、王さん、素敵！
マイク　　　　きゃー、王さん、素敵！（皆笑う）

ユニット2　読解　インターネットとコミュニケーション

　あなたは、1日に何時間ぐらいコンピューターを使っているだろうか。また、コンピューターを使う目的は何であろうか。電子メールやチャット、さまざまな_____が検索できるYahooやGoogleといったウェブサイトの閲覧、あるいは、文章を書くためのワープロ_____の利用だろうか。
　コンピューターの持つ機能の中で私たちの生活にもっとも大きな影響を_____ものは、インターネットだと_____。

インターネットとは、世界中のコンピューター間に_____された通信ネットワークのことである。この通信ネットワークを_____、私たちは世界中の人々と電子メールやチャットで_____できるようになり、様々な情報が簡単に_____ようになった。WWW（ワールドワイドウェブ）という便利な_____が登場し、インターネットを通じて、ウェブサイトとよばれるコンピューター画面に文字だけでなく映像や音声を_____情報が提供されるようになった。インターネットというと、すぐに情報検索が_____のは、WWWの_____によって数多くのウェブサイトが作られ、_____を入力して検索ボタンを押すや、必要な情報が_____、しかも_____得られるようになったためである。

今やすっかり_____し、便利_____インターネットではあるが、問題がない_____。

最近、大学生のレポートにインターネットを通して得られる情報をそのまま_____したものが多く_____ようになったことが、その一例である。大学や研究機関などのホームページでは_____の論文を公開しており、またブログと呼ばれる個人の記録でも体験記や論評などを公開していて、その中にはレポートなどに_____情報も少なくない。本来なら、引用であることも_____他人の書いたものをそのまま借用すれば、剽窃に_____ことは言うに及ばず、著作者の知的所有権の侵害として罪を_____ものである。

問題はウェブサイトで公開されている情報の場合、情報提供者個人の_____れ、私用に提供されているように見えることにある。そのため、罪の_____もなく自分のレポートに_____ようなことが起きるのだろう。

また、公開されている情報を無批判に、_____を疑うことなく採用したがために、_____偏見を伴う情報をそのままレポートに書いてしまうこともないとは限らない。_____、コンピューターの画面というインターフェイスが情報提供者の顔を見えなくしており、簡単に_____され、そして常に代替_____な情報であるかのような_____を与えることにも原因がある。

インターネットは情報検索ツールであり、インターネットを通して無数のデータベースに_____できると、誤解している_____があるようだ。しかし、インターネットは、コンピューターを人と人とのコミュニケーションの道具にしようと考えた人たちによって開発されたもの、すなわち、本来は人と人とを_____ためのものなのである。

日本でインターネットの構築に_____した古瀬幸弘と廣瀬克哉はその著書、

『インターネットが変える世界』の中で、次のように言っている。

「コミュニケーションはコミュニティの＿＿＿＿＿である。これまでは、それが物理的な環境に＿＿＿＿＿されていた。学校や会社、地域のコミュニティは存在していたが、それ以外のコミュニティに参加することはひじょうに難しい。そういった物理的、時間的な壁をいきなり＿＿＿＿＿のがインターネットである。組織の壁もなければ、国境もない。」

古瀬たちの言うコミュニティは、「＿＿＿＿＿に対して知っている人が答え、みんなで知識を＿＿＿＿＿するコミュニティ」である。そして、「何かを知りたいと思ったら、問いかけるのが最初の＿＿＿＿＿である。そこからコミュニケーションが始まる。つまり、自らも＿＿＿＿＿してこそ、インターネットが生きるのだ。」と述べる。コンピューターをあくまでも人と人とのコミュニケーションの道具として用いることを＿＿＿＿＿しているのである。

第20課　旅立ち

単語帳

ピード　ハード　スムーズ　エリア　ロビー　カート　イギリス　キャンプ　ベスト　ベター　グッド　シンガーソングライター

汗　群　宴　節　旅立ち　歓送　人脈　学問　理想　好感　今年度　鮮明　体制　諸-　拍手　立食　頑張り屋　たけなわ　お開き　ご恩　微力　お越し　姉貴　教官　諸君　一人前　学会　一発　出版社　尊厳　生き方　最善　根底　原爆　被爆者　無鉄砲　人格　雪崩　地滑り　脳細胞　細胞　栄養失調　失調　国外　失意　高揚　出典　再会　解消　了解　出国　出迎え　歓談　型破り　挫折　沸騰　縮約　迎合　立ち話　体当たり

恐ろしい　もどかしい　まっとう　適当　誠実　不可解　窮屈　バンカラ　まずは　どうか　じーん　どーんと　くれぐれも　何だって　ずるずる　コツコツ　できる限り

終える　向く　耐える　抱く　笑う　流す　悔やむ　失くす　延ばす　成り立つ　言い直す　言いよどむ　乗り切る　出迎える　取り寄せる　発する　思いやる　進み出る　吹き飛ぶ　抜き出す　甘んじる　取り残す　諦めがつく　へこたれる　見つめ直す　からめ捕る　群をなす　心を打たれる

中南米　アフリカ　長崎

文法リスト

[N]といえるほどのものではない＜不足以称之为该事物＞
～ながらも＜转折＞
[N]なくしては[V]ない＜不可或缺的条件＞
[N]の節は＜时间的限定＞
[V]るべく＜目的＞

第20課　旅立ち

I．文字・词汇・语法

1. 次の漢字の読み方をひらがなで書きなさい。

    (1) 借りる　借用　　　　＿＿＿＿＿＿＿＿＿＿＿＿＿＿

    (2) 群れ　抜群　　　　　＿＿＿＿＿＿＿＿＿＿＿＿＿＿

    (3) 営む　営業　　　　　＿＿＿＿＿＿＿＿＿＿＿＿＿＿

    (4) 耐える　忍耐力　　　＿＿＿＿＿＿＿＿＿＿＿＿＿＿

    (5) 失う　失意　　　　　＿＿＿＿＿＿＿＿＿＿＿＿＿＿

    (6) 土産　出産　土台　　＿＿＿＿＿＿＿＿＿＿＿＿＿＿

    (7) 悔やむ　悔しい　後悔　＿＿＿＿＿＿＿＿＿＿＿＿＿

    (8) 盛ん　大盛り　盛大　　＿＿＿＿＿＿＿＿＿＿＿＿＿

    (9) 直す　真っ直ぐ　直前　＿＿＿＿＿＿＿＿＿＿＿＿＿

    (10) 着く　到着　水着　　＿＿＿＿＿＿＿＿＿＿＿＿＿

    (11) 細かい　細い　詳細　＿＿＿＿＿＿＿＿＿＿＿＿＿

    (12) 笑う　微笑み　笑顔　微笑　＿＿＿＿＿＿＿＿＿＿

2. 次の下線部のひらがなを漢字に直しなさい。

    (1) 柔道や剣道では、暦の大寒・小寒の期間中、早朝<u>けいこ</u>をする。
    (2) 少年よ、大志を<u>いだ</u>け。
    (3) <u>びりょく</u>ですが、お力になれればこの上ない喜びです。
    (4) ２年経ったら、この契約を<u>かいしょう</u>することになっている。

(5) 先生から<u>きちょう</u>なアドバイスをいただきました。
(6) 彼は時々<u>ふかい</u>な言動をする。
(7) 仕事は<u>じんみゃく</u>がなくてもできます。
(8) 仕送りで生活しているので、<u>むだ</u>使いをしないようにしている。
(9) 人間は<u>ざせつ</u>を味わうと精神的に成長する。
(10) わたしは、首が<u>きゅうくつ</u>なシャツが苦手だ。
(11) アメリカ育ちのあの選手は、<u>かたやぶり</u>な人物と思われている。
(12) 彼の作品は<u>しんさ</u>に通ったそうです。
(13) <u>しかいしゃ</u>によって披露宴の雰囲気は180度変わる。
(14) 彼は若いとき<u>むてっぽう</u>なことばかりして、親を困らせていた。
(15) 彼女は歌のコンクールで3回も<u>ゆうしょう</u>した。

(1)	(2)	(3)	(4)	(5)
(6)	(7)	(8)	(9)	(10)
(11)	(12)	(13)	(14)	(15)

3．次の_____の言葉に意味が最も近いものを、a～dから一つ選びなさい。

(1) この地域では市民活動を<u>支える</u>制度が整えている。
　　a．ディベートする　　　　b．ニュアンスする
　　c．スムーズする　　　　　d．サポートする
(2) <u>きつい</u>スケジュールだったのに、すばらしい成果でした。
　　a．ケチな　　b．ハデな　　c．ハードな　　d．ホットな
(3) やっとあの人にわたしの気持ちが<u>通じた</u>ようだ。
　　a．伝わった　b．言った　　c．飛んだ　　d．あふれた
(4) 手術が成功したと聞いて、<u>安心した</u>。
　　a．じっとした　b．そっとした　c．ほっとした　d．ざっとした

4．次の_____に入れるのに最もよいものを、a～dから一つ選びなさい。

(1) 今回は、各チームから発表会に向けた準備の進み_____について報告があった。
　　a．様子　　b．都合　　c．調子　　d．具合
(2) 柔軟な思考のできない人は、ワンパターンの考え方にしがみつき、失敗して_____し、なかなか立ち直れない 。
　　a．飛躍　　b．転落　　c．挫折　　d．没頭
(3) 弟は半年の猛勉強で司法試験に_____で合格しました。
　　a．一端　　b．一発　　c．一歩　　d．一行

(4) あまりの凄惨な光景を見て、そこにいた人々は暑さも＿＿＿＿＿。
   a．吹き飛んだ　b．吹き出した　c．吹き替えた　d．吹き上げた
(5) 落ち込んでいたとき、あたたかい手を＿＿＿＿＿くれたのはあの人だった。
   a．差し入れて　b．差し伸べて　c．差し押さえ　d．差し出して
(6) スタッフはいつも笑顔であいさつしてくれて、心が＿＿＿＿＿。
   a．包みました　b．営みました　c．和みました　d．痛みました
(7) 彼と離れる寂しさに＿＿＿＿＿。
   a．耐えられない　　　　　b．生き残られない
   c．当て嵌められない　　　d．裏切られない
(8) 周りの人が昇進していく中で、自分だけ＿＿＿＿＿ような気がする。
   a．取り扱われた　　　　　b．取り残された
   c．取り入れられた　　　　d．取り上げられた
(9) 家族は私にとって＿＿＿＿＿ない存在だ。
   a．かけひきの　b．かけおちの　c．かけがえの　d．かけだしの
(10) 14歳でコンテストに優勝したことがきっかけで、モデルの世界に足を＿＿＿＿＿。
   a．乗り切った　b．進み出た　c．取り寄せた　d．踏み入れた

5．次の（　）に、適当な助詞を入れなさい。
(1) 初めて彼に会った時のことは、今（　）（　）はっきりと覚えています。
(2) 新聞や雑誌などは、テレビ（　）違って、自分のスピード（　）何度（　）読める優れた点がある。
(3) 誠実さの度合いによって人脈（　）できていくのです。
(4) 居酒屋（　）（　）一杯のビールは、一日の疲れ（　）取ってくれる。
(5) ホテルの予約は私（　）任せてください。
(6) 昨日の大雨で川の水（　）あふれ、付近の家屋が浸水の被害（　）あった。
(7) このスープを作る（　）（　）手間と時間がかかります。
(8) 仕事をやめる覚悟（　）部長の命令に逆らった。
(9) うちの子は、勉強はできないが泳ならだれ（　）（　）負けない。
(10) 妹はまだ中学生だが、料理（　）作れば、洗濯（　）してくれる。

6．次の＿＿＿＿＿に入れるのに最もよいものを、a～dから一つ選びなさい。
(1) 来週から冬休みだと思うと＿＿＿＿＿。
   a．うれしさにすぎない　　　b．うれしいほかない
   c．うれしいこともない　　　d．うれしくてたまらない

(2) 彼はチームのリーダー_____、みんなに信頼されている。
　　a．のみで　　　b．にとって　　c．だけあって　　d．かというと

(3) 先生に推薦していただいた_____、国費留学生として日本へ行くことになった。
　　a．おかげで　　b．せいで　　　c．くせに　　　　d．ため

(4) お金がたくさんあるからといって、無駄に_____。
　　a．使えるはずだ　　　　　　　b．使いたくなるだろう
　　c．使ってもかまわない　　　　d．使うのはよくない

(5) お寺の参道_____お土産を売る店が並んでいる。
　　a．にそって　　b．について　　c．によって　　　d．にわたって

(6) _____赤ちゃんには、文化の違いや国籍による違いは見られない。
　　a．生まれたばかりで　　　　　b．生まれたばかりの
　　c．生まれたばかりか　　　　　d．生まれたところの

(7) 親が学者だからといって、子どもも必ず頭がいいとは_____。
　　a．ちがいない　b．かまわない　c．かぎらない　　d．やむをえない

(8) 日本語ができるといっても、日常会話程度_____。
　　a．に及ばない　　　　　　　　b．に過ぎない
　　c．過言ではない　　　　　　　d．とは限らない

(9) 年齢や性別に_____、国民であれば誰でも保険に入れる。
　　a．かかわらず　b．よると　　　c．よれば　　　　d．かかわり

(10) 私に_____親が元気でいてくれるのは大きな幸せです。
　　a．対して　　　b．とって　　　c．ついれ　　　　d．よって

7. 次の文の___★___に入る最もよいものを、a～dから一つ選なさい。

(1) 初めてこの_____　_____　_____　___★___は、今でも鮮明に覚えています。
　　a．足を踏み入れた　　　　　　b．キャンパスに
　　c．感動　　　　　　　　　　　d．時の

(2) わたしが到着する前から、_____　_____　___★___　_____くださった。
　　a．待っていて　b．万全の　　　c．皆様が　　　　d．サポート体制で

(3) 先生方の_____　___★___、私は学生生活を_____　_____だろう。
　　a．なくしては　　　　　　　　b．続けられなかった
　　c．とても　　　　　　　　　　d．ご助言

(4) 自分＿＿＿ ★ ＿＿＿ ＿＿＿驚きの対象になることが分かった。
　　a．にとっては　　b．当たり前の　　c．ほかの人　　d．ことが

(5) 微力ではありますが、＿＿＿ ＿＿＿ ＿＿＿ ★ 、頑張っていきたいと考えております。
　　a．中日の　　b．べく　　c．となる　　d．架け橋

(6) 今回の＿＿＿ ＿＿＿ ＿＿＿ ★ 、選手たちは汗を流して猛練習をしていた。
　　a．で　　b．大会　　c．すべく　　d．優勝

(7) 選考の結果は、＿＿＿ ＿＿＿ ★ ＿＿＿いたします。
　　a．お知らせ　　b．書面　　c．後日　　d．をもって

(8) コツコツと ★ ＿＿＿ ＿＿＿ ＿＿＿、自分に自信を持てるようになります。
　　a．取り組む　　b．地道に　　c．中で　　d．プロセスの

(9) 少し不安を抱えながらも、営業という＿＿＿ ★ ＿＿＿ ＿＿＿をもって取り組んでいる。
　　a．仕事　　b．意欲　　c．に対して　　d．新しい

(10) 科学技術の、＿＿＿ ★ ＿＿＿ ＿＿＿だろう。
　　a．現代のような　　　　b．あり得なかった
　　c．進歩なくしては　　　d．人類の繁栄は

8．次の中国語を日本語に訳しなさい。

(1) 没有老师的推荐很难进这么好的大学。

(2) 5年一次的海外旅行被取消了，实在是太遗憾了！

(3) 你爱的人都已举行完婚礼了，后悔、苦恼又有什么用？

(4) 这个公司的工资待遇好像还不错，但我不太擅长处理人际关系。

(5) 退休之后再培养兴趣，太晚了。

(6) 学习自不必说，让孩子懂得吃饭的规矩不是也很有必要吗？

(7) 谁都希望人生一帆风顺，可是不如意的事情很多。

(8) 正是因为越来越亲密，才更需要保持一定的距离，重新审视对方。

(9) 行李放得太高了够不着，只好麻烦旁边的人帮我拿下来。

Ⅱ．听力

1．録音を聴いて、正しい答えをa～dから一つ選びなさい。

(1)

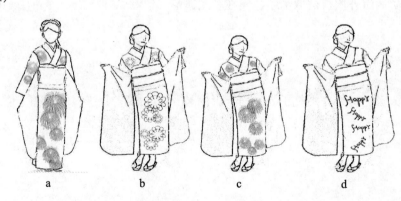

a　　　　　b　　　　　c　　　　　d

(2)

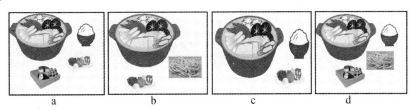

(3)

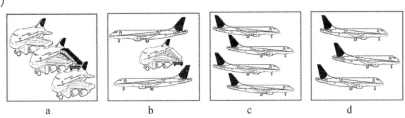

2．録音を聴いて、内容と合っていれば○、合っていなければ×を（　）に書きなさい。

（　）（1）劉さんは、みんなとは初対面です。
（　）（2）彼女がこの学校に来たのは、春だ。
（　）（3）中国にもいくつか日本と似たような行事がある。
（　）（4）彼女は、将来、日本の良さを紹介する仕事に就きたいと考えている。
（　）（5）彼女は、今年の新年は日本で過ごす。

次の文章を読んで後の質問に答えなさい。

　非常ベルというと、あなたはまず何を思い浮かべるだろうか。火災報知器や病院のナースコール。いずれも危険が身に迫った時、他者にもそのことを知らせるためのものだ。私が、非常ベルと聞いて、まず真っ先に頭に浮かんでくるのは、ケニヤで見たものである。あれは何という動物保護区だったか、名前は忘れてしまったが、湿地帯のまん中に、高床式で建っていた宿である。

　中世ヨーロッパの火の見ヤグラ風というか、茶筒を立てた上に陣笠のような屋根を乗せた一戸建てが、高床式の廊下でつながっている。夜になると地面から梯子を引き上げて、野獣を防ぐ仕掛けになった、奇妙な宿だった。

　食堂の脇に、ガラス張りの大きなベランダがあり、そこから、目の前の池に水を飲みにくる動物を見物できるようになっていた。

その宿の部屋のベッドサイドにベルがついていて、「アニマル・コール」という赤い札がついていた。

絶対に大丈夫だといっているが、象やサイもいればヒョウもいる。連中がその気になったら、体当たりだって出来るし、窓から忍び込むこともできる。万一のときには、これを押せばいいんだなと感心をしたのだが、これは私の早とちりであった。

夜中に水を飲みにくる動物を、徹夜で見ているわけにはいかない。何時に出てくるか判らないし、一晩中にらんでいても出てこないこともある。そこで、自分の見たい動物をリストにして頼んでおくと、見張りをしている人がいて、ヒョウが出たら、ヒョウを見たいと書いた人の部屋のベルが鳴るという仕掛けなのだ。「アニマル・コール」は野獣襲撃を知らせるのではなく、出ましたよ、見にいらっしゃいという合図なのだ。いわば、訪ね人が来た時のインターホンのような役割を担うものなのである。

私はヒョウとサイとチーターを頼んだ。

鳴ることを祈りながら、いつ飛び起きてもいいよう、パジャマも着ず、着のみ着のまま、カメラと双眼鏡を枕元に置いて横になったのだが、その夜、アニマル・コールは、（ イ ）。

危険を示すベルが鳴るのは厄介だが、この種のベルが鳴るのは大歓迎であったのに…。

質問

（1）アニマル・コールの説明として適当なものを選びなさい。
　　a．自分の見たい動物が現れると、ベルが鳴って知らせてくれる。
　　b．自分の見たい動物を見つけたら押してみんなに知らせる。
　　c．動物に襲われそうになった時に押して助けを呼ぶ。
　　d．動物の集まる時間帯になるとベルが鳴って起こしてくれる。

（2）絶対に大丈夫だといっているとはどういう意味か。適当なものを選びなさい。
　　a．絶対に動物に襲われることはない。
　　b．絶対に見たい野生の動物が現れる。
　　c．絶対にホテルから落下することはない。
　　d．絶対にベルを押せば誰かが助けてくれる。

（3）（ イ ）に、入る最もよいものを選びなさい。
　　a．沈黙をやぶった。
　　b．沈黙したままであった。
　　c．鳴り続けていた。
　　d．鳴ることは鳴った。

最後に会話文と読解文を読み直して、＿＿＿＿を埋めなさい。

ユニット1　会話　別れと再会

（前期の授業が終わり、留学生課主催の歓送パーティーが開かれる）

司会　えー。それでは、今年度東西大学に交換留学生として来日し、1年間の留学生活を終えられた留学生のみなさんにスピーチを＿＿＿＿＿。それでは、＿＿＿＿＿一番左の王宇翔さんから…。

王　はい。（マイクの前に進み出る）えー、＿＿＿＿＿、王宇翔です。＿＿＿＿＿、ありがとうございました。まずはこのスピーチの場をお借りしまして、＿＿＿＿＿。（頭を下げる）

えー、わたしが東西大学に交換留学生として参りましたのは、去年の8月のことでした。＿＿＿＿＿時の感動は、＿＿＿＿＿覚えています。早いもので、あれから一年が経ってしまいました。実は、＿＿＿＿＿＿＿＿＿、日本に来る前、わたしは、今まで勉強してきた日本語は通じるのか、友だちはできるのか、＿＿＿＿＿でした。でも、わたしが到着する前から、皆様が＿＿＿＿＿＿＿＿＿＿＿＿＿＿＿＿＿、すぐにそんな不安は＿＿＿＿＿。これには今でも心から感謝しています。本当にありがとうございました。（大学関係者のほうを向いて頭を下げる）

大学で授業が始まると、諸先生方は、ある時は厳しく、ある時は優しく＿＿＿＿＿＿＿＿＿＿＿。専門のゼミともなると、日本人学生と同じスピードで付いて行くのは留学生にとってはかなりハードでしたが、先生方は常にわたしたちの＿＿＿＿＿ くださいました。先生方の＿＿＿＿＿、わたしの学生生活は成り立たなかったでしょう。先生方、どうもありがとうございました。（指導教授のほうを向き頭を下げる）

次に、わたしの留学生活を＿＿＿＿＿友だちにも＿＿＿＿＿＿＿＿＿と思います。まずは同じゼミの日本人学生のみなさんに。みなさんは、同じ学問に興味を持つクラスメートでしたが、同時に、わたしが今まで知らなかった新しい言葉をたくさん教えてくれる＿＿＿＿＿＿＿＿＿。授業では、難しい言葉を易しく言い直してくれたり、間違えた日本語を直してくれたりしていつもわたしを＿＿＿＿＿。また授業のあとの、お茶を飲みながらのおしゃべりも＿＿＿＿＿の時間でした。この1年間を＿＿＿＿＿＿＿＿＿。ありがとうございました。

それから、この大学にはいろいろな国の留学生が来て学んでい

ますが、留学生のみんなにも＿＿＿。みなさんとはよく日本の文化や習慣に関する＿＿＿についておしゃべりしましたが、それを通じて、自分にとっては当たり前のことが＿＿＿ことが分かり、異文化を見る＿＿＿。それに、日本人と話している時はなかなか言いたいことが伝えられず、＿＿＿＿＿＿＿＿＿のですが、留学生同士だと不思議といつもスムーズに通じるので、ストレス解消になってありがたかったです。みなさんと話していると＿＿＿。いつも＿＿＿みなさん、本当にどうもありがとうございました。

　また、＿＿＿空手部の仲間たちとは、よくお酒を飲みながら一晩中語り合ったんですが、話していて、若者が抱く興味や悩みは国籍や文化にかかわらず同じだ＿＿＿＿＿＿＿＿。毎日の稽古は厳しいものでしたが、日本に来て空手を始めたことで、＿＿＿、日本文化に対する理解も＿＿＿ことができたように思います。1年間は＿＿＿＿＿が、今は、すべてがわたしにとって＿＿＿です。みなさん、本当にどうもありがとうございました。

　帰国後は、少しでも皆様から受けた＿＿＿よう、＿＿＿ではありますが、中日の架け橋となるべく、頑張っていきたいと考えております。えー、簡単ではございますが、これで＿＿＿させていただきます。今度は北京でお会いできるのを＿＿＿ので、＿＿＿＿＿＿＿＿＿＿。楽しみにお待ちしております。

　それではどうもありがとうございました。（王が頭を下げて挨拶。会場から拍手）

司会　王さん、どうもありがとうございました。えー、それでは、続きまして、チャリヤーさん、お願い致します。

チャリヤー　はい、チャリヤーです。えー、わたしは…。
（チャリヤーのスピーチが続く）

司会　（全員のスピーチが終わって）それでは、＿＿＿。
（立食形式で食事をしながら話をしている）

木村　王さん、すごくいいスピーチだったわ。じーんと来ちゃった。本当に帰っちゃうのね。

マリー　ほんと、＿＿＿。あーあ、王さんがいなくなったら寂しくなるだろ

うなあ。

王　　　　そう言われると僕も＿＿＿＿＿。でも、飛行機だと北京まで3時間ぐらいなんだから、その＿＿＿＿、すぐまた会えるよ。待ってるからぜひ遊びに来てよ。

（吉田先生が近づいてくる）

先　生　　王さん、いよいよ帰国ね。王さんは＿＿＿＿だから、この1年間でますます日本語がじょうずになったわね。

王　　　　いえいえ、先生の＿＿＿＿です。本当にありがとうございました。

先　生　　ぜひ日中の＿＿＿＿になってくださいね。

王　　　　はい、僕なりに頑張ってみます。先生も＿＿＿＿。

（1時間後）

司　会　　宴もたけなわとなって参りましたが、＿＿＿＿た。皆様、本日はどうもありがとうございました。帰国する留学生のみなさん、＿＿＿＿＿＿＿＿＿＿＿＿＿＿＿。それでは＿＿＿＿、留学生歓送会を＿＿＿＿。

（帰国の日の空港で。王のそばで立ち話をしていた高橋の父が時計に目をやり、王に言う）

高橋の父　　王さん、そろそろ時間じゃない？

高橋の母　　そうね、王さん、向こうに着いたら、＿＿＿＿ね。

王　　　　分かりました。

信　哉　　王さん、今度は僕も中国旅行に行きますから、その時はよろしく。それから、姉貴のことも＿＿＿＿。

王　　　　うん、わかった。あ、そうだ、僕からは、おばあちゃんに＿＿＿＿。いつまでもお元気で、またお会いしましょうって。

信　哉　　了解！

王　　　　それじゃあ、みなさん、＿＿＿＿。お元気で、さようなら！（手を振りながら出国エリアに入っていく）

（北京空港の到着ロビー。王は大荷物が載ったカートを押している。突然横から人が飛び出して来たため、カート同士がぶつかってしまう）

王　　　　す、すみません！（慌てて謝る）

（誰かが王の肩を叩く）

高橋　　　王さん、あの人には日本語、通じないわよ。（振り返ると高橋がいる）

王　　　　わあっ、高橋さん！＿＿＿＿＿だ。
（ほかの友だちも現れる）
渡辺　　　王さん、＿＿＿＿＿！
李東　　　お帰り！　待ってたよ！
王　　　　みんなも来てくれたんだね！　ありがとう！
鈴木　　　違うよ、王さんじゃなくて、お土産を待ってたんだよ。
渡辺　　　鈴木さんったら！（鈴木を叩く）
鈴木　　　いてっ！
（タクシーの中で）
高橋　　　王さん、元気そうでよかったわ。
王　　　　うん、高橋さんもね。ご家族もみんなお元気だったよ。
高橋　　　そう、よかった。留学生活はどうだった？
王　　　　毎日楽しくて、あっという間だったよ。でも、やっぱり帰ってくれば、ほっとするな。…そうだ、高橋さんにお土産があるんだ。
高橋　　　わーい、うれしい！　ねえ、なあに？
王　　　　あ、と、で！（笑う）

ユニット2　読解　二十歳の君へ
○次の文章は、社会のさまざまな分野で＿＿＿＿＿する人たちを対象に、東京大学の立花隆ゼミの学生達が行なったインタビューを文章に＿＿＿＿＿ものです。
○以下は、二十歳ぐらいの年齢の青年たちに向けたメッセージの＿＿＿＿＿です。
○社会に出て＿＿＿＿＿したのは、一番の＿＿＿＿＿は人間関係だ、ということです。
○一流大学を出て一発で出版社に入社して、で＿＿＿＿＿人は結構見ましたよ。
○人間関係がうまく作れないと、出世コースからも＿＿＿＿＿しまう。
○社会に出て一番必要なのは、＿＿＿＿＿です。
○気持をわかってくれるとか、つき合いやすいとか、約束を守ってくれるとか、そういう＿＿＿＿＿によって人脈は＿＿＿＿＿んですから。
○でもまあ、メッセージ＿＿＿＿＿ありません。
○好きなことを見つけて、＿＿＿＿＿やるのがいいと思います。
○好きなことをして、それで駄目だったら＿＿＿＿＿でしょ。
○でも、迷うのもいい。人生＿＿＿＿＿です。

○今の平和な世の中を、より平和にしていくために自分が＿＿＿か、考えてほしいですね。

○私は、＿＿＿というのが、人間の生き方だと思います

○常に問題意識をもって、それを行動に＿＿＿いってほしい。

○それはもちろん、そう思い通りにはいかないでしょうが、＿＿＿の努力をしていくことが大事です。

○その＿＿＿にあるのは自分を信じること、つまり自信、それから自分を大事にすること。

○でも、コツコツと＿＿＿プロセスの中で、自分に好感をもてるようになります。努力してれば、どんどん自分が好きになれますよ。

○＿＿＿とか社会の一員としてとかじゃなく、一人の人間がどう生きるか。国家や社会といった時に、からめ取られないだけの自分を持った人が＿＿＿いるか。

○日本の社会全体はそれとは＿＿＿んですよね。＿＿＿とか無鉄砲とかバンカラとかそういう人格じゃなくて、できるかぎり社会が求める条件を＿＿＿人たちを作っていく傾向が強いと思います。

○でも私は今までの経験から、一番＿＿＿のは国家や社会がどんどん雪崩みたいに動いていって、＿＿＿うちにその中にいること。

○たとえば警官になれば、自分の意思とは関係なく国家の為に働くことになるし、企業に入れば、企業的見解で＿＿＿することになるわけだから、もっと積極的にその雪崩と一緒に＿＿＿いくのね。

○自分が許せなかったり嫌だったりするものには＿＿＿して確かめる。＿＿＿とか迎合しないとか、そういうことへの深い＿＿＿を持つべきだと思います。

○これからの若い人には、社会の正しい構成員になるよう努力するだけじゃなくて、世界がものすごいスピードで雪崩を起こしている時にも、ときどき空の上から、こっちの方向に＿＿＿んだなっていうくらいの＿＿＿を持っていて欲しい。

○みんなに言っているから＿＿＿けども、やっぱり本を読むということですね、僕は一番重要なことだと思っています。

○なんか今の諸君をみていると、脳細胞の＿＿＿という感じがするねえ。やっぱり本というのは先人が残した＿＿＿ですからね。

○これは年とってからやろうと思っても、後からでは＿＿＿。年とってから、語学をやっていればよかったということを多くの人が＿＿＿わけですよ。

○ですから_____に語学をやってほしい。できたらその_____としてなるべく留学してほしい。

○留学先は欧米に限らずですね、アジアでもいいしアフリカでもいいし、中南米でもいいわけですけど、少なくとも日本を_____ね。

○旅行者じゃなくて、国外から日本とか_____のには、留学が一番いいと僕は思うんですね。

実力テスト5

1. 次の漢字の読み方をひらがなで書きなさい。

    (1) 沸騰、沸く　　＿＿＿＿＿＿＿＿＿＿＿＿＿＿＿＿

    (2) 縮約、縮む　　＿＿＿＿＿＿＿＿＿＿＿＿＿＿＿＿

    (3) 抜く、選抜　　＿＿＿＿＿＿＿＿＿＿＿＿＿＿＿＿

    (4) 収納、出納、納める　　＿＿＿＿＿＿＿＿＿＿＿＿＿＿＿＿

    (5) 掘る、発掘　　＿＿＿＿＿＿＿＿＿＿＿＿＿＿＿＿

    (6) 栄養、養う　　＿＿＿＿＿＿＿＿＿＿＿＿＿＿＿＿

    (7) 承知、承る　　＿＿＿＿＿＿＿＿＿＿＿＿＿＿＿＿

    (8) 悔やむ　　＿＿＿＿＿＿＿＿＿＿＿＿＿＿＿＿

    (9) 老若男女　　＿＿＿＿＿＿＿＿＿＿＿＿＿＿＿＿

    (10) 仮病、仮説　　＿＿＿＿＿＿＿＿＿＿＿＿＿＿＿＿

2. 次の下線部のひらがなを漢字に直しなさい。

    (1) さいあくの場合を予想しておかねばならない。
    (2) 中国では銀行が農業を支援するどあいが強まっています。
    (3) 李君の物理の成績はぐんを抜いている。
    (4) その当時、わたしは障害者にへんけんを持っていた。
    (5) そんなおそろしい目で見ないで！
    (6) 子どもの頃の怖かった経験をせんめいに記憶している。

(7) その仕事を<u>あんい</u>に引き受けてしまって、後悔している。
(8) おじいさんは長い間苦しい生活に<u>たえて</u>きた。
(9) 彼がこれまでの過ちを<u>たたかれる</u>のは当然だ。
(10) 人に<u>うたがわれる</u>ようなまねをするな。

(1)	(2)	(3)	(4)	(5)
(6)	(7)	(8)	(9)	(10)

3．次の_____に入れるのに最もよいものを、a～dから一つ選びなさい。

(1) 何回挑戦しても合格しないので、とうとう_____してしまった。
　　a．疑惑　　　　b．挫折　　　　c．息吹　　　　d．応諾
(2) 虎が毛皮_____に射殺される事件が起きた。
　　a．目当て　　　b．目じるし　　c．目立ち　　　d．目指し
(3) では、今日はこれで_____にしましょうか。
　　a．お閉め　　　b．お閉まり　　c．お開き　　　d．お開け
(4) CDから楽曲のデータをパソコンに_____、MP3に変換する。
　　a．取り込んで　b．入れ込んで　c．もらい込んで　d．引き込んで
(5) あの人気のパンは、焼けるそばから_____しまうそうです。
　　a．売り上げて　b．売り出して　c．売り終わって　d．売り切れて
(6) わたしは思いついたら、やってみないと諦めが_____。
　　a．つかない　　b．いかない　　c．こない　　　d．かからない
(7) 詳細な内容を確認したい場合は、企業に直接_____ください。
　　a．持ち込んで　b．問い合わせて　c．申し付けて　d．辿り着いて
(8) 留学ブームに_____、わたしは何も考えずに日本行きの飛行機に乗った。
　　a．追われて　　b．流されて　　c．捉えられて　d．取り組まれて
(9) よい仲間に_____幸せです。
　　a．恵まれて　　　　　　　　b．含まれて
　　c．よみがえられて　　　　　d．ささやかれて
(10) まだ使えるのに、捨てるなんて_____。
　　a．そそっかしい　　　　　　b．だらしない
　　c．もったいない　　　　　　d．やかましい
(11) あの人は5時になると_____帰る。
　　a．さっさと　　b．のんびり　　c．すっかり　　d．ちゃくちゃくと

(12) 場所も取らないし、＿＿＿値段なので気に入りました。
  a．微妙な b．利口な c．ぜいたくな d．手ごろな

(13) この問題を＿＿＿角度から検討しよう。
  a．いずれの b．単なる c．あらゆる d．いわゆる

(14) 正一さんは、＿＿＿駅まで車で迎えに来てくれた。
  a．わざわざ b．わざと c．せっかく d．とりわけ

(15) ＿＿＿道を間違えたらしい。
  a．おおかた b．なかなか c．ちょうど d．どうやら

4．次の説明に合っているものを、a～dから一つ選びなさい。

(1) 多くの売り物の中で特に目をひく物。
  a．目玉 b．手元 c．顔立ち d．足裏

(2) 消費者に対して、直接商品を販売すること。
  a．卸売り b．小売 c．直送 d．直販

(3) 商店や市場に品物が入ること。
  a．入手 b．入力 c．入荷 d．入用

(4) 出発すること。
  a．家出 b．旅立ち c．道連れ d．駆け出し

(5) ある考えや感情を持つこと。
  a．担ぐ b．担う c．抱える d．抱く

(6) 注文して送ってもらうこと。
  a．取り替える b．取り寄せる c．取り入れる d．取り除く

(7) 意志・希望・要求などを進んで伝える。
  a．申し出る b．申し付ける c．申し立てる d．申し合わせる

(8) 困難・危機などを切り抜ける。
  a．乗りかかる b．乗りとる c．乗り込む d．乗り切る

(9) 物事にぴったり合う。
  a．つっこむ b．あてはまる c．引き止める d．たてかえる

(10) コンピューターで、関連し合う情報を収集・整理して、検索や更新を効率化したファイル。
  a．ディスクトップ   b．インターフェイス
  c．アプリケーション   d．データベース

5．次の_____に入れるのに最もよいものを、a～dから一つ選びなさい。

(1) 家族がいる_____、どんなに辛い仕事にも耐えられる。
　　a．からこそ　　b．からといって　　c．からには　　d．からして

(2) 歴史や伝統を_____、いつも新しい技法に挑戦していたい。
　　a．守るといったら　　　　　　b．守ったところで
　　c．守りながらも　　　　　　　d．守るといっても

(3) うまく気持ちが伝わらない_____、誤解されてしまった。
　　a．ばかりか　　b．あまりに　　c．がために　　d．としても

(4) 高いレベルの翻訳は、二つの言語はもとより、それらの文化への深い造詣_____不可能である。
　　a．なくしては　　　　　　　b．ないとしても
　　c．あるとしたら　　　　　　d．あるとしても

(5) 胡同と呼ばれる裏路地に_____、タイムスリップしたような気持ちになった。
　　a．入ったきり　　　　　　　b．入るやいなや
　　c．入ったわりには　　　　　d．入るなりに

(6) 自分で調べてないことには_____。
　　a．気が済む　　　　　　　　b．気が済まない
　　c．気が済むことはない　　　d．気が済まないわけがない

(7) 高級ワイン_____、さすがにうまい。
　　a．からには　　b．のわりには　　c．だけあって　　d．とすれば

(8) 戻れる_____、子どものころに戻りたい。
　　a．ものなら　　b．きりなら　　c．わけなら　　d．ところなら

(9) 結論が_____いることを議論してもしかたがない。
　　a．わかりきって　　　　　　b．わかりぬいて
　　c．わかりかけて　　　　　　d．わかりずらくて

(10) テニスに_____、この大学で鈴木さんの右に出るものはいない。
　　a．おうじては　　b．とっては　　c．かけては　　d．そっては

6．次の文の___★___に入る最もよいものを、a～dから一つ選なさい。

(1) このはパソコンは_____　★_____ 　_____、老若男女を問わず人気です。
　　a．のと　　　　b．ので　　　　c．使いやすい　　d．軽量な

(2) 離れ離れになってもみんなの_____ 　★_____ 　_____と思っている。
　　a．サイトを　　b．近況が　　　c．伝え合える　　d．作ろう

(3) 情報化社会では、＿＿＿ ★ ＿＿＿ ＿＿＿、受け入れてはならない。
　　a．情報を　　　　　　　　　b．疑うことなく
　　c．無批判に　　　　　　　　d．公開されている

(4) そういった物理的、時間的、空間的な＿＿＿ ★ ＿＿＿ ＿＿＿である。
　　a．インターネット　　　　　b．壁を
　　c．取り払うのが　　　　　　d．いきなり

(5) 佐藤さんは＿＿＿ ＿＿＿ ★ ＿＿＿、依頼を快諾してくれた。
　　a．私から　　b．聞くや　　c．事情を　　d．即座に

(6) ＿＿＿ ★ ＿＿＿ ＿＿＿、参加者の皆さんは大満足だった。
　　a．料理に　　b．贅沢　　c．かずかずの　　d．この上ない

(7) 宮崎駿のアニメの＿＿＿ ＿＿＿ ＿＿＿ ★ 、このサイトを作った。
　　a．みなさんに　b．魅力を　c．伝えるべく　d．広く

(8) ＿＿＿ ＿＿＿ ＿＿＿ ★ 終了とさせていただきます。
　　a．今回の　　　　　　　　　b．本日を
　　c．もちまして　　　　　　　d．キャンペーンは

(9) ＿＿＿ ★ ＿＿＿、＿＿＿楽しいのです。
　　a．生きているのが　　　　　b．あるからこそ
　　c．喜怒哀楽が　　　　　　　d．人生には

(10) ちょっと不安を＿＿＿ ★ ＿＿＿ ＿＿＿対して意欲を燃やしている。
　　a．仕事に　　　　　　　　　b．営業という
　　c．抱えながらも　　　　　　d．新しい

7．次の中国語を日本語に訳しなさい。

　　黄金周结束了，今天开始大学的校园即将开始恢复活力。这个时候课也即将真正开始了。

　　以前，除了英语之外，学习法语、德语等是在知识方面追求更高的东西，让自己感到自己已经真正是一名大学生了。最近有些学校不再把第二外语算作必修课，外语学习的情景也发生了变化。

　　我有一位朋友在东京某私立大学教第二外语西班牙语，据他说没有辞典的学生越来越多了。每年在开始上课的时候，他都会向学生推荐几本辞典，今年在第3次课上调查发现，全班30人只有3人购买了辞典。在很久以前学习外语必须购买辞典曾经是一个常识。现在的学生不买辞典的3个理由分别是"太贵""太沉""查词典太麻烦"。

　　另一所大学的一位资深教师曾经跟我说过很久以前的这样一件事。在一次可以带辞

典的法语翻译考试上，有一个学生不仅带了法日辞典，而且还带去了国语辞典，目的是希望译文准确。他说这种情景也已经消失了。

看一看现在书店里的外语柜台可以发现，那里摆满了《超级简单○○语入门》《10天精通○○语》等书名的薄薄的书。详细的语法都被省略了。不买辞典的学生也会买这样的书。

现在可能没有人会一手拿着辞典挑战艰涩的原著。但是踏踏实实的努力是外语学习的基础。这一点任何时代都不会改变。

日本語能力試験文型リスト

〜間	〜おかげだ	〜かのようだ
〜あげく	〜おかげで	〜かのように
〜あまり	〜おきに	〜かのようなN
〜以上（は）	〜恐（おそ）れがある	〜難（がた）い
〜一方だ	お〜ください	〜から＜格助＞
〜一方で	お〜します	〜から言（い）うと
〜う（未然形）	お〜になります	〜から言えば
〜うか	お〜願います	〜から言って
〜うか〜まいか	〜限り	〜からして
〜うではないか	〜限り（は）	〜からすると
〜うじゃないか	〜限り-だ／で／の	〜からすれば
〜うとする	〜限りでは	〜から〜にかけて
〜うとはしない	〜かけ	〜から〜にかけ
〜上	〜かけだ	〜から〜にかけてのN
〜上で	〜かけのN	（〜から）〜にわたって
（〜する）上で	〜かける	（〜から）〜にわたり
（〜した）上で	〜がち	〜にわたるN
〜上でのN	〜がちだ	〜から見ると
〜上に	〜がちに	〜から見て
〜上は	〜がちのN	〜から見れば
〜うちに	〜（か）と思うと	〜から
（〜ている）うちに	〜（か）と思えば	〜からこそ
（〜ない）うちに	〜（か）と思ったら	〜からと言って
〜得（え／う）る	〜か〜ないかのうちに	〜からって
〜得（え）ない	〜か〜ないうちに	〜からには
〜おかげ	〜か〜ないかに	〜からは
〜おかげか	〜兼（か）ねない	〜かわりに
おかげさまで	〜兼（か）ねる	〜気味

～気味だ	～ことにしている	～せいだ
～気味に	～ことになる	～せいで
～気味のN	～ことになっている	～そうだ＜伝聞＞
～きり	～ことは～が、～	～たいものだ
～きりだ	～ことはない	～だけ
～きり～ない	～こともない	（～たい）だけ
～きる	～毎（ごと）に	（～ほしい）だけ
～きれる	～際（さい）	（～られる）だけ
～きれない	～際に	～だけあって
～くせに	～際は	～だけある
～くせして	～最中	～だけのことはある
～くらい①＜概数＞	～最中だ	～だけに
～くらい②＜程度＞	～最中に	～だけのN
～て～ぐらいだ	～最中のN	ただ～だけだ
～ぐらい～はない	～さえ	ただ～のみだ
～ぐらいなら、むしろ～	（～で）さえ	～たっけ
～げ	～さえ～する	～だっけ
～げだ	～さえ～しない	たとえ～ても
～げなN	～さえ～ば	～たとたん（に）～　した
～げに	～ざるを得（え）ない	～度（たび）に
～結果	～しかない	～だらけ
～こそ	～次第	～だらけだ
～こそ～が、～	～次第	～だらけのN
～こと	～次第だ	～だろうか
～ことか	～次第で（は）	～中（ちゅう）
（～した）ことがある	～（という）次第だ	～ついでに
（～する）ことがある	～上（じょう）	～っこない
～ことができる	～末	～つつ
～ことから	～末だ	～つつも
～ことだ	～末に	～つつある
～ことだから	～末のN	～っぽい
～ことだろう	～ず	～つもり
～こととする	～ずじまいだ	～するつもりだ
～こととなる	～ずに	～ないつもりだ
～こととなっている	～ずにはいられない	～たつもりだ
～ことなく	～ずつ	～て
～ことに（は）	～せい	～て以来（いらい）
～ことにする	～せいか	～て（は）いられない

～てからでないと	～どころか	～に応じる
～てからでなければ	～どころではない	～に応じたN
～てしかたがない	～としたら	～にかかわらず
～てしようがない	～とすると	～にかかわりなく
～てたまらない	～とすれば	～に限って
～てならない	～として	～に限り
～て初（はじ）めて	～としては	～に限りまして
～てみせる	～としてのN	～に限らず～も～
～てみたら	～としても	～に限らない
～てみると	～とたん（に）	～に限ったことではない
～ては（＝ちゃ・じゃ）	～とともに	～に限る
～ては～ては～	～とは言っても	～にかけては
～てもしかたがない	～とは言いながら	～にかけても
～てもしようがない	～とは言うものの	～にかまわず
～という（＝って）	～とは限（かぎ）らない	～にもかまわず
～ということだ	～ない	～もかまわず
～というと	～ないうちに	～にかわって
～というのは（＝って）	～ないかなあ	～にかわり
～というものは	～ない限（かぎ）り	～にかわるN
～というより、むしろ～	～ないことには～ない	～に関して
～といえば（＝ってば）	～ないことはない	～に関し
～といったら（＝ったら）	～ないこともない	～に関しては
～通（とお）り（に）	～ないように	～に関するN
～通りのN	～ないではいられない	～に決まっている
～通（どお）り（に）	～ながら	～にくい
～通りのN	～ながら（も）	～に比べて
～とか	～など	～に比べると
～とか～とか	～なんか	～に比べれば
～ところ	～なんて	～に加（くわ）えて
～たところ～した	～に当（あ）たって	～に加え
～ところだ	～に当たってのN	～に応え
～たところだ	～に当たっては	～に応える
～するところだ	～に当たり	～に際（さい）して
～ているところだ	～において	～に際し
～ところだった	～においては	～に際しては
～ところに	～におけるN	～に際してのN
～ところへ	～に応じて	～に先立（さきだ）って
～ところを	～に応じ	～に先立ち

～に先立つN	～にとってのN	～のみでなく～も～
～にしたがって	～に伴って	～のみならず～も～
～に従い	～に伴い	～のみか～も～
～に従う	～に伴うN	～の下（もと）で
～にしたら	～に反して	～の下に
～にしては	～（の）に反して	～はともかく
～にしても	～（の）に反し	～はともかくとして
～にしたって	～にほかならない	～は別（べつ）にして
～にしても～にしても	～にもかかわらず	～は別として
～にしろ	～（の）にもかかわらず	～はもちろん～も～
～にしろ～にしろ	～に基づいて	～はもとより～も～
～にしろ～ないにしろ	～に基づくN	～ば
～に過ぎない	～によって	～ば済（す）む
～にすれば	～によって＜方法・理由・根拠＞	～ば～ほど
～にせよ		～ばよかった
～にせよ～にせよ	～により	～ばかり
～にせよ～ないにせよ	～によるN	～ばかりか～も～
～に沿（そ）って	～によって＜対応＞	～ばかりになっている
～に沿い	～によっては	～するばかりだ
～に沿うN	～により	～たばかりだ
～に相違ない	～によって～（ら）れる	～ばかりでなく～も～
～に対して	～によると	～ばかりに
～に対し	～によれば	～はず
～に対しては	～抜き	～はずがない
～に対するN	（～は）抜きで	～はずだ
～に違いない	（～は）抜きに	～ないはずだ
～について	（～は）抜きにして	～はずなのに
～につき	～抜きには～ない	～はずだった
～についてのN	～を抜きにしては～ない	～はずではなかった
～については	～抜く	～反面（はんめん）
～につけ	～ねば	～ふりをする
～につけて（も）	～ねばならない	～ぶり
～につけ～につけ	～ねばならぬ	～ぶりだ
～につれて	～も～ば、～も～	～ぶりに
～につれ	～も～なければ、～も～ない	～ぶりのN
～にとって	～も～なら、～も～	～べき
～にとっては	～のみ	～べきだ
～にとり	～のみだ	～べきではない

～べきだった	～よう	～ほど
～べきではなかった	～ようがない	～ほど
～まい	～ようもない	～て～ほどだ
～まで	～ようだ	～ほど～ない
～まで	～ようなN	～ほどのN
～てまで	～ように＜目的/希望＞	（～ば）～ほど
～までして	～ようにする	～ほど～はない
～まま	～ようになる	～を込めて
～したまま	～よりほかない	～を込め
～するまま	～より（も）、むしろ～	～を込めたN
～ままのN	～らしい	～を中心に
～向き	～らしい	～を中心にして
～向きだ	～わけ	～を中心として
～向きに	わけ	～を中心とするN
～向きのN	わけがわからない	～を通じて
～向け	（～という）わけで	～を通して
～向けだ	わけ（は／の）ない	～を問わず
～向けに	わけなく～する	～を抜きで
～向けのN	～わけがない	～を抜きにして
～もかまわず	～わけだ	～を抜きにしては～ない
～もの	～わけではない	～をはじめ
～ものか	～わけでもない	～をはじめとして
～ものですか	～わけにはいかない	～をはじめとするN
～ものがある	～するわけにはいかない	～をめぐって
～ものだ	～ないわけにはいかない	～をめぐってのN
～するものだ	～わけにもいかない	～をめぐり
～たものだ	～わりに（は）	～をめぐるN
～ものだ＜感嘆＞	～をきっかけに	～を目指して
～もので	～をきっかけにして	～を目指し
（だって）～んだもの	～をきっかけとするN	～を目指す
～ものだから	～を契機に	～をもとに
～ものではない	～を契機にして	～をもとにして
～ものなら	～を契機とするN	～をもとにする
～ものの	～方（ほう）がいい	～んだ
～やら	～方がましだ	～んだもの
～やら～やら～	～ほかない	

参 考 书 目

教育部高等学校外语专业教学指导委员会日语组编，2001，《高等院校日语专业基础阶段教学大纲》大连理工大学出版社

国際交流基金　日本国際教育学会2000年『日本語能力試験出題基準（改訂版）』、凡人社

国際交流基金日本語国際センター1999『教科書を作ろう　中等教育向け　初級日本語素材集　せつめい編』

山田忠雄・柴田武等　2011年　『新明解国語辞典　第7版』　三省堂

姫野昌子　2004年『日本語表現活用辞典』　研究社

砂川有里子　1998『教師と 学習者のための日本語文型辞典』くろしお出版